Theresia Gosch

Beeren für den Hausgarten

Inhalt

Beeren – Köstlichkeiten aus dem Füllhorn der Natur 4
- Beliebte Früchte 6
- Die Entwicklung der Kulturpflanzen 8

Die Beerenarten im Porträt 10
- Erdbeere 12
- Himbeere 15
- Brombeere 18
- Johannisbeere 20
- Stachelbeere 22
- Heidelbeere 24
- Cranberry 26
- Holunder 28
- Beerenspezialitäten 30
- Beerenarten im Überblick 32

Beeren im eigenen Garten 34
- Gartengestaltung mit Beeren 36
- Standortwahl 40
- Pflanzenwahl 41
- Pflanzung 42
- Hegen und Pflegen 45
- Krankheiten und Schädlinge 49
- Beeren selbst vermehren 57
- Beeren im Topf und am Balkon 61

Gesund und fit mit Beeren 64
- Vitamine 66
- Mineralstoffe 68
- Bioaktive sekundäre Inhaltsstoffe 69
- Der Garten als Hausapotheke 71
- Beeren haltbar machen 72

Arbeitskalender 74
- Mit Beeren durchs Jahr 76

Verwendete Literatur, Impressum 80

Vorwort

Beerenobst mit seiner Vielfalt an Arten, Farben, Formen und Geschmacksvarianten ermöglicht uns den Genuss von frischem Obst aus dem eigenen Hausgarten vom Frühsommer bis in den Herbst. Das reichhaltige Angebot erlaubt dabei die Auswahl von wohlschmeckenden und widerstandsfähigen Sorten, deren Vielfalt durch Kreuzungen zwischen den einzelnen Arten noch bereichert wird. Daneben gibt es weltweit eine Vielzahl an Exoten und wilden Beerenarten, deren Früchte zwar genießbar sind, aber nicht kultiviert werden und somit derzeit nur dem interessierten Reisenden vorbehalten bleiben.

Die Vielfalt an Beeren spiegelt sich auch in ihrer Verwendbarkeit wider: Was wäre die Nachspeisenküche ohne Beerenobst? Kuchen, Torten, Soßen, Marmeladen, Säfte und sogar Hauptgerichte – dem Einfallsreichtum sind dabei keine Grenzen gesetzt. Vitamine, Mineralstoffe und bioaktive Substanzen, sowie der niedrige Gehalt an Kalorien und Fett machen Beeren zu einem wichtigen Bestandteil gesunder Ernährung. Seit jeher werden verschiedene Teile der Beerenpflanzen auch erfolgreich als Hausmittel gegen diverse Leiden sowie zum Färben im Textilbereich eingesetzt.

Auch in der Gartengestaltung sind die Sträucher sehr beliebt. Selbst in kleinen Gärten bietet sich durch den geringen Platzbedarf meist eine passende Stelle für Beerenpflanzen: Ob als Einfassung (Monatserdbeere), Bodendecker (Cranberry), Hecke (Johannisbeere), Pergolenbepflanzung (Brombeere) oder Blütenstrauch (Heidelbeere) – warum sollen Pflanzen nicht Genuss für Gaumen *und* Auge sein? Betrachtet man all diese Vorzüge, so wird klar, dass Beeren in einem Garten nicht fehlen dürfen. Beeren sind einfach unent*beer*lich!

Theresia Gosch
St. Ulrich i.G., August 2006

Beeren – Köstlichkeiten aus dem Füllhorn der Natur

Schon die Jäger und Sammler wussten vor mehr als 10.000 Jahren ihren Speiseplan mit einer Vielzahl an Beeren zu bereichern. Heutzutage können wir durch spezielle Anbaumethoden und Importe ganzjährig aus dem Vollen schöpfen und bei Bedarf fast jederzeit die unterschiedlichsten Früchte genießen. Dazwischen liegt eine bewegte Geschichte intensiver Züchtungsarbeit, die uns eine Vielfalt an Sorten beschert hat. Die Beliebtheit von Beerenobst ist nach wie vor ungebrochen.

Beliebte Früchte

Warum die Erdbeere eine Nuss ist

Nicht alles, was landläufig als Beere bezeichnet wird, ist botanisch gesehen eine Beerenfrucht. Beeren zeichnen sich dadurch aus, dass die Fruchthülle um den Samen zur Gänze fleischig ist, wie etwa bei der Heidelbeere oder der Stachelbeere. Bei Steinfrüchten ist die Fruchthülle nur teilweise fleischig und bei Nüssen zur Gänze holzig oder fasrig. Demnach sind auch Tomaten, Bananen oder Kürbisse botanisch betrachtet Beerenfrüchte. Erdbeeren hingegen sind Sammelnussfrüchte, bei denen die kleinen Nüsschen in den fleischigen, kegelförmigen und für uns so schmackhaften Blütenboden eingebettet sind. Himbeeren und Brombeeren sind Sammelsteinfrüchte, deren einzelne Teilfrüchte auf der kegelförmig aufgewölbten Blütenachse aufsitzen, durch feine Härchen zusammengehalten werden und sich gemeinsam als mutmaßliche Beere ablösen. Die Muskatnuss hingegen müsste eigentlich als Beere bezeichnet werden. Trotz dieser botanischen Merkmale beschränkt sich das vorliegende Buch allerdings auf jene Früchte, die wir landläufig als Beeren betrachten.

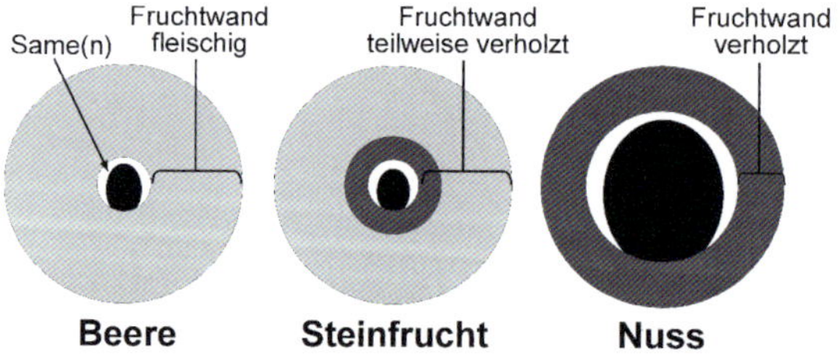

Beere, Steinfrucht oder Nuss? Die Zusammensetzung der Fruchtwand ist dafür entscheidend.

Beeren werden seit jeher genutzt

BEEREN ALS VORRAT Beeren wurden von den Menschen bereits in der mittleren Steinzeit als Nahrungs- und Genussmittel verwendet. In Sibirien hielt man sich in Eishöhlen einen Vorrat an Beeren für den Winter, und in Dänemark nutzte man gesammelte Preiselbeeren während der Eisenzeit zur Getränkebereitung. Sogar als Grabbeigaben der Pharaonen wurden Beeren gefunden.

KÖNIGLICHE GÄRTEN Bereits im 13. Jahrhundert, in der Zeit von Edward I. von England, durften im gepflegten englischen Garten des Adels Beerensträucher nicht mehr fehlen. Beerensträucher wurden auch in den Klostergärten am Ende des Mittelalters um 1500 von den Mönchen in Kultur genommen und als Heilpflanze, Getränk und zur Parfümerstellung verwendet. Während die gehobene Gesellschaft Beeren in den königlichen Gärten vorwiegend als exquisites Genussmittel schätzte, waren dem »gemeinen« Volk vor allem medizinische Eigenschaften und Nützlichkeit wichtig.

Heidelbeerblau und Brombeerrot

Schon sehr früh entstand auch die Idee, die Farbenpracht der Natur zu nutzen. Steinzeitmenschen und Naturvölker verwendeten für ihre Höhlenmalereien, zur Körperbemalung oder zur Färbung von Textilien neben anorganischen Metalloxiden auch pflanzliche Naturfarbstoffe. Beerenpflanzen durften dabei natürlich nicht fehlen, wobei hauptsächlich Inhaltsstoffe der Gruppe der Flavonoide für die Gelb- und Blautöne genutzt wurden. Im Internet findet man verschiedenste Anleitungen und originelle Ideen zum Färben von Papier und Stoffen, zum Beispiel für Grußkarten oder Geschenke.

Lasst uns feiern!

Beeren sind heutzutage so populär und auch ökonomisch wichtig, dass ihnen zu Ehren vielerorts Feste veranstaltet werden, vor allem wenn sie einen wesentlichen Bestandteil im Leben der dortigen Bevölkerung darstellen. Manche Regionen verdanken ihre Bekanntheit den dort angebauten Spezialitäten, was auch wirtschaftlich gesehen von enormer Bedeutung ist. Der Erdbeere – der »Königin der Beeren« – wird dabei wohl am häufigsten gehuldigt.

Die Entwicklung der Kulturpflanzen

Als vor tausenden Jahren der Mensch anfing, einen Teil seiner Nahrungspflanzen selbst anzubauen, vollzog sich der Wandel vom Jäger und Sammler zum sesshaften Menschen. Dies bedeutete zwangsläufig auch einen entscheidenden Wandel für die Flora und Fauna. Die Menschheit begann damit nämlich – anfangs noch unbewusst – in die Evolution der Kulturpflanzen einzugreifen, indem jene Individuen selektiert, gezielt vermehrt und angebaut wurden, die den jeweiligen Bedürfnissen am besten entsprachen.

ZÜCHTUNG VON KULTURPFLANZEN

Dieser Prozess, der mittlerweile tausende von Beerensorten hervorgebracht hat, dauert bis heute an, obwohl sich die Techniken durch das Verständnis von Genetik und Vererbungslehre stark verändert haben: Waren es anfangs noch Selektion, gezielte Kreuzung oder Mutation, so halten heutzutage immer öfter gentechnische Verfahren Einzug in die Pflanzenzüchtung.

OPTIMALE PFLANZENPRODUKTION

Das Ziel ist dasselbe geblieben – die Schaffung der Grundlagen für die optimale Pflanzenproduktion zur Sicherung der menschlichen Ernährung, Gesundheit und Lebensqualität. Neu gezüchtete Sorten müssen sich in mindestens einem bedeutenden und vererbbaren Merkmal von den bisherigen Sorten unterscheiden. Während es dabei im Zierpflanzenbau oft genügt, wenn die Neuzüchtung »anders« ist – zum Beispiel im Wuchs oder der Blütenfarbe – so muss im Obst- und Gemüsebau die neue Sorte vor allem »besser« sein, also beispielsweise größere und schmackhaftere Früchte tragen, was die Züchtungsarbeit natürlich erschwert.

Nach jeder erfolgreichen Kreuzung müssen die Samen aus der Frucht herausgereinigt werden – ein Prozess, der bei den fleischigen Beeren besonders zeitintensiv sein kann. Nach der mühsamen Selektion von einzelnen Sämlingen aus den tausenden genetisch unterschiedlichen Pflanzen bleiben dann oft nur ein bis zwei übrig, die in der Summe ihrer jeweiligen Eigenschaften als neue Sorten tauglich sind. Damit diese Arbeit nicht zur sprichwörtlichen Suche nach der Nadel im Heuhaufen ausartet, sind Planung und Einsatz geeigneter Züchtungsstrategien sowie die gezielte Auswahl der Elternpflanzen, deren Eigenschaften man kombinieren möchte, von großer Bedeutung.

LANGWIERIGER PROZESS Es ist nicht verwunderlich, dass oft viele Jahre oder sogar Jahrzehnte vergehen, bis eine neue Sorte auf den Markt kommt. Durch den langwierigen Zuchtprozess muss man die Gabe besitzen,

vorausschauend zu selektieren und neben handwerklichem Geschick auch eine Menge Wissen über Vererbungslehre und der Entwicklungsbiologie der Pflanzen mitbringen.

Jedes Obst hat seine Saison

QUALITÄT DER FRÜCHTE ❧ Spezielle Anbaumethoden zur Verfrühung oder Verspätung des Erntezeitpunktes und der Import von Beeren aus fernen Ländern machen die einzelnen Obst- und Gemüsearten bei uns fast ganzjährig erhältlich. Allerdings leidet die Qualität unter den langen Transportwegen und der Tatsache, dass die Früchte nicht vollreif geerntet wurden. Versuchen Sie im Winter auf südländische Glashauserdbeeren zu verzichten, Sie werden mit Vorfreude und ein paar Monate später mit wohlschmeckenden Früchten aus dem eigenen Garten entschädigt.

FRISCH VOM MARKT ❧ Sollte die Ernte Ihrer Beerensträucher dabei Ihr Verlangen nicht stillen, können Sie auf Spezialitätenmärkten frisch und damit gesundheitlich wertvoll einkaufen. Durch den Kauf von Beeren aus ihrer Umgebung unterstützen Sie nebenbei auch die Obstbauern Ihrer Region und tragen damit wesentlich zum Erhalt der Kulturlandschaft bei. In der Abbildung ist dargestellt, wann heimisches Beerenobst auf dem Markt angeboten wird.

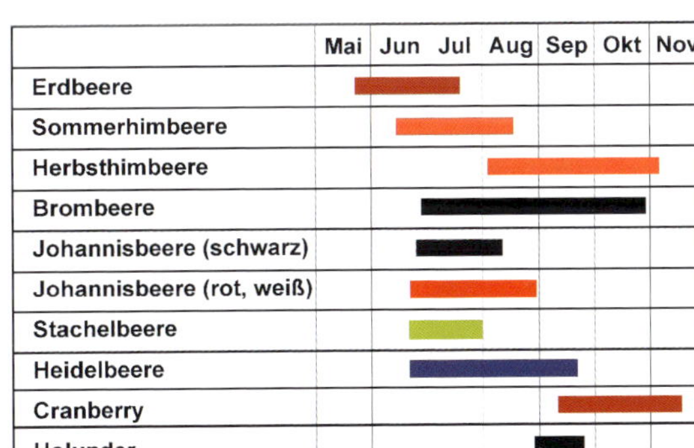

Züchtung oder Wildobst?

Der Grad der züchterischen Bearbeitung einer Pflanze variiert sehr stark und spiegelt in etwa die Bedeutung der jeweiligen Kulturpflanzen wider, wobei Getreide natürlich an erster Stelle steht. Bei den Erdbeeren gibt es mittlerweile über 1.000 verschiedene gezüchtete Sorten, während bei Preiselbeeren oder dem Holunder nur einige Auslesen von Naturstandorten als Sorten angeboten werden. Züchterisch wenig bis gar nicht bearbeitete Pflanzen werden deshalb oft als »Wildobst« bezeichnet, obwohl sie zum Teil auch schon plantagenmäßig angebaut werden.

Die Beerenarten im Porträt

Beeren können viele Geschichten erzählen und haben so manche kuriose Eigenheit. Einige kamen durch abenteuerliche Reisen nach Europa – wie etwa die Cranberry, die ursprünglich in Fässern von gesunkenen Handelsschiffen an europäische Küstenstrände gespült wurde. Andere wiederum sind seit jeher bei uns heimisch, wie der Holunder. Die Vielfalt an Beeren wird dabei durch tausende Sorten, Auslesen und Wildarten repräsentiert.

Erdbeere

Die Königin der Beeren

Den Beinamen »Königin der Beeren« trägt die Erdbeere wohl zu Recht, ist sie doch das beliebteste Beerenobst im deutschsprachigen Raum. Erdbeeren zählen zu den Staudengewächsen, da sie nicht verholzen und ihre Überwinterungsorgane unter der Erde liegen. Der botanische Gattungsname *Fragaria* leitet sich aus dem lateinischen »fragare« (duften) ab. Unserer Gartenerdbeere, die so genannte Ananas-Erdbeere *(Fragaria* x *ananassa)*, gehört zur Familie der Rosengewächse (Rosaceae).

ERFOLGREICHER ZUFALL Sie entstand vor etwa 250 Jahren in Frankreich – als Zufallskreuzung zwischen der großfruchtigen, aber geschmacksarmen Chileerdbeere *(Fragaria chiloensis)* und der kleinen, aber wohlschmeckenden Scharlacherdbeere *(Fragaria virginiana)*. Beide Eltern stammen ursprünglich aus Amerika. Ein seltenes Ereignis, denn es ist nicht selbstverständlich, dass bei Kreuzungen jeweils die guten Eigenschaften der Eltern an die Nachkommen weitergegeben werden. Zudem konnte diese Kreuzung erst entstehen, als Gärtner zur besseren Bestäubung Scharlacherdbeeren zu den Chileerdbeeren pflanzten. Die Erntemengen stiegen dadurch derart rapide an, dass zu dieser Zeit im französischen Hafen Brest täglich dutzende Schiffe mit Erdbeeren beladen werden konnten.

GESCHMACKVOLLE KÖSTLICHKEITEN Neben der am häufigsten anzutreffenden Ananas-Erdbeere gibt es noch die in Europa heimische Walderdbeere *(Fragaria vesca)*, Monatserdbeere *(Fragaria vesca* f. *semperflorens)* und Wiesenerdbeere *(Fragaria* x *vescana)*. Walderdbeeren fruchten von Mai bis August und locken durch ihr unnachahmliches Aroma und den herrlichen Geschmack. Durch Kreuzungen mit der Gartenerdbeere versuchte man diese Geschmackseigenschaften auf die Ananas-

Walderdbeeren sind zierliche Bodendecker mit Blütenpracht und Fruchtgenuss.

Erdbeere zu übertragen, wodurch die Wiesenerdbeere entstand. Sie stellt in Geschmack, Aroma und Fruchtgröße eine Mischform der Eltern dar und eignet sich zudem gut als Bodendecker. Monatserdbeeren sind mehrmals tragende (remontierende) Formen der Walderdbeere – sie bilden übers Jahr laufend neue Blüten und Früchte.

GEZIELTE ZÜCHTUNG Seit der Zufallskreuzung vor etwa 250 Jahren ist durch gezielte Züchtung eine unüberschaubare Anzahl der Erdbeersorten entstanden, sodass heute weit über 1.000 Züchtungen bekannt sind. Freilich wurden die alten Sorten immer wieder durch neue verdrängt – doch manchmal findet man bei Liebhabern noch die einen oder anderen Raritäten, die vor allem durch ihr Aroma und ihren Geschmack bestechen. Andere wiederum bleiben oft über Jahrzehnte im Anbausortiment.

IM EIGENEN GARTEN Für den Hausgarten sind vorwiegend Eigenschaften wie Krankheitsresistenz und Geschmack von Bedeutung. Umfragen haben ergeben, dass Konsumenten hellrote Sorten den dunkleren vorziehen, da sie einen frischeren Eindruck vermitteln und nicht überreif aussehen. Generell ist es im Vergleich zu anderem Beerenobst relativ einfach die angebauten Sorten zu wechseln, da die Pflanzungen ohnehin nach ein bis drei Jahren erneuert werden müssen. Ältere Erdbeerpflanzen bringen nur noch kleine und oft minderwertige Früchte.

STANDORTANSPRÜCHE Erdbeeren gedeihen am besten auf humosen, gut strukturierten Böden ohne Staunässe. Vor allem Wurzelfäulepilze machen der Erdbeere sonst zu schaffen. Lehmige Böden sind deshalb weniger geeignet, es sei denn, man pflanzt auf leichten Dämmen. Eine gute Bodenvorbereitung mit Kompost oder verrottetem Stallmist ist anzuraten. Das Rhizom der Erdbeere ist außerdem recht frostempfindlich, was im Winter ohne Schneeschutz zu Ausfällen führen kann.

Richtige Pflanztiefe bei Erdbeeren

PFLANZUNG UND PFLEGE Erdbeeren werden generell von April bis Juli gepflanzt, wobei die ersten Früchte im folgenden Jahr zu erwarten sind. Denn Blütenstände, die sich im Pflanzjahr bilden, sollten entfernt werden. Beete werden üblicherweise ein bis dreireihig mit einem Pflanzenabstand von etwa 25–40 cm angelegt, damit sie sich einzeln schön entwickeln können und der Bestand leicht abtrocknet. Das Rhizom der Erdbeeren ist ein empfindliches Organ, die richtige Pflanztiefe ist deshalb sehr bedeutend.

Nach spätestens drei Jahren sollte das Beet frisch angelegt werden, da die Qualität der Beeren dann stark nachlässt und sich Krankheiten vermehrt ausbreiten. Wiederum sollte der Boden zuvor mit ausreichend Humus aufgebessert werden. Auf Standorten, an denen Erdbeerpflanzen Symptome von Wurzelfäule zeigten, sollten über mehrere Jahre keine Erdbeeren angebaut werden. Um Unkrautkonkurrenz einzudämmen wird spätestens nach der Blüte eine Schicht Stroh unter die Pflanzen gebreitet. Dies schützt außerdem davor, dass die reifenden Beeren direkt am Boden aufliegen und faulen. Als Alternative finden schwarze oder weiße Mulchfolien Verwendung.

RÜCKSCHNITT Erdbeeren können nach der Ernte mit einem auf große Schnittlänge eingestellten Rasenmäher abgemäht werden, um das alte, oft kranke Laub zu entfernen. Dabei muss tunlichst darauf geachtet werden, dass das Herz der Pflanze – die Stelle am oberen Ende des Rhizoms, an dem wieder neue Blätter austreiben – nicht beschädigt wird! Bis in den Herbst entwickelt sich wieder kräftiges, neues Laub. Ansonsten wird das alte, abgestorbene Laubwerk im Frühjahr entfernt.

Ausläufer

Die im Frühsommer an der Ananas-Erdbeere entstehenden Ausläufer (Stolonen) sollten abgeschnitten werden, da sie die Mutterpflanze schwächen. In Töpfe verpflanzt kann man sie allerdings im nächsten Jahr als billiges neues Pflanzmaterial verwenden.

TIPP **Werden früh reifende Erdbeersorten ab dem Austrieb für ein paar Wochen mit Vlies abgedeckt, so kann man damit eine Ernteverfrühung erzielen.**

Sorten

ALEXANDRIA Monatserdbeere, kleine, spitz zulaufende Beeren, keine Ausläufer bildend, Walderdbeerengeschmack, fruchten von Juni bis Oktober

ELSANTA mittelfrüh, mittlerer Geschmack, hohe Erträge, sehr gut haltbar, hohe Bodenansprüche, anfällig für Wurzelkrankheiten

EVITA große, feste Früchte, frisch aromatischer Geschmack, ertragreich, mehrmals tragend (remontierend)

GORELLA mittlere Reifezeit, guter Geschmack, mittlere Erträge, hellrote, weiche, kantige Früchte, geringere Bodenansprüche, robuste Sorte

HONEOYE klassische Frühsorte, dunklere Früchte, bei Vollreife guter Geschmack, säuerlich, hohe Erträge, anfällig für Welkekrankheiten

MARA DES BOIS sehr aromatisch, walderdbeerähnlicher Geschmack, mehrmals tragend (remontierend), die ersten Beeren reifen mittelfrüh, geringe Haltbarkeit

MIEZE SCHINDLER Liebhabersorte, mittelspät, braucht andere Erdbeersorte als Bestäuber, äußerst guter Geschmack, Beeren faulen rasch, geringe Bodenansprüche

POLKA mittlere Reifezeit, kleinfruchtig, hohe Erträge, sehr guter Geschmack, festes, rotes Fruchtfleisch, leicht kelchlösend, vor allem für die Verarbeitung

SENGA SENGANA mittlere Reifezeit, sehr guter Geschmack, Beeren klein, faulen leicht, ansonsten äußerst widerstandsfähig, hohe Erträge

SPADEKA Wiesenerdbeere, kleine Früchte, niedriger Ertrag, kräftig rot, weißes Fruchtfleisch, intensiver Erdbeergeschmack, bildet dichte Wiesen

THURIGA mittelspäte Reifezeit, mittlerer Ertrag, sehr große und geschmackvolle Früchte

Himbeere

Süße Delikatesse

Der Name Himbeere leitet sich aus dem althochdeutschen »hintperi« ab und bedeutet »Beere der Hinde (Hirschkuh)«. Sie trägt den lateinischen Namen *Rubus idaeus*, gehört zu den Rosengewächsen (Rosaceae) und ist in den gemäßigten Klimaten der nördlichen Hemisphäre weit verbreitet. Der Artname *idaeus* bezieht sich auf das griechische Ida-Gebirge.

NAHRUNGSQUELLE UND NISTGEHÖLZ Die wild wachsende Himbeere ist Nähr- und Nistgehölz für dutzende Vogel-, Säuger- und vor allem Insektenarten. Sie ist neben der Johannisbeere eine typische Pflanze für Bauerngärten. Bereits zu Beginn des 20. Jahrhunderts waren über 400 Himbeersorten beschrieben. Im Vergleich zu Brombeeren sind die Himbeeren eher weich und empfindlich, da beim Ernten der Fruchtboden an der Pflanze verbleibt und sich die Frucht wie ein Fingerhut davon ablöst. Man spricht davon, dass sich »die Beeren vom Zapfen lösen«.

STANDORTANSPRÜCHE Was die Bodenansprüche betrifft, so sind Himbeeren wahre Mimosen: Man braucht nur mit offenen Augen durch die Natur zu gehen, um zu sehen, was die Himbeere mag: Sie wächst zumeist an Waldrändern, Lichtungen und in kleinen Gräben, wo Laub und Streu locker zusammengeweht werden, der Boden konstant feucht ist und ausreichend Sonne scheint. Das feine Wurzelwerk der Himbeeren leidet unter Staunässe und bevorzugt lockere, tiefgründige, humusreiche Böden. Lehmige, verdichtete Böden sind völlig ungeeignet.

Ein waagrecht gespanntes, grobmaschiges Zaungitter reicht als Stützgerüst für Herbsthimbeeren.

Die einjährigen Jungruten der Sommerhimbeere sind die Tragruten für das nächste Jahr und werden im Herbst sorgfältig an das Drahtgerüst gebunden.

PFLANZUNG UND PFLEGE

Die Pflanzen sind dankbar für jährliche großzügige Gaben in Form von organischen Düngern wie etwa Mulch aus Stallmist, Kompost oder Rasenschnitt. Mulch unterdrückt außerdem konkurrierende Unkrautpflanzen. Auf Böden, die mit der gefährlichen *Phytophthora*-Wurzelfäule verseucht sind, ist der Anbau über viele Jahre unmöglich. Luftige Lagen begünstigen das rasche Abtrocknen der großen, empfindlichen Blätter und beugen Krankheiten vor.

Himbeeren pflanzt man am besten während der Vegetationsruhe, als getopfte Grünpflanzen aus Gewächshäusern aber erst nach den letzten Frösten im Frühjahr.

Bei den Himbeersorten wird zwischen den Sommer- und Herbsthimbeeren unterschieden. Sommerhimbeeren fruchten etwa von Juni bis Juli an jenen Ruten, die sich im Laufe des vergangenen Jahres gebildet haben. Herbsthimbeeren fruchten zusätzlich vom Spätsommer bis in den Herbst an den einjährigen Jungruten.

In der Praxis werden allerdings bei den Herbsthimbeeren nach den ersten Frösten im Herbst alle Triebe bis auf den Boden zurückgeschnitten. Damit entfällt im nächsten Jahr die Sommerernte, deren Früchte ohnehin minderer Qualität sind und es verbleibt lediglich die Herbsternte an den einjährigen Ruten. Man erspart sich dadurch aufwändige Bindearbeiten und beugt auch Rutenkrankheiten vor, die am alten Holz überwintern können.

Der Anbau von Herbsthimbeeren ist demnach wesentlich einfacher und weniger arbeitsintensiv als jener von Sommerhimbeeren. Lässt man die Ruten durch ein in etwa 60 bis 80 cm Höhe waagrecht gespanntes, grobmaschiges Zaungitter wachsen, erübrigt sich das Anbinden der Ruten an ein Stützgerüst – eine sehr einfache und kostengünstige Methode.

Pflanzabstände von etwa 40 bis 70 cm sind zu empfehlen. In den folgenden Jahren wird sich der Bestand durch Ausläufer stark verdichten, wobei dann mitunter das Ausbrechen von Trieben notwendig sein wird. Sommerhimbeeren werden ebenfalls etwa im Abstand von 40 bis 70 cm gepflanzt. Im Hausgarten wird meist die klassische Erziehung am Drahtrahmen praktiziert. Dazu werden je nach Größe der Anlage Stützpfähle im Abstand von 3 bis 8 m eingeschlagen, an denen in etwa 80, 120 und 180 cm Höhe ein Draht gespannt wird.

RÜCKSCHNITT Bei Sommerhimbeeren müssen übers Jahr laufend überzählige Jungruten entfernt werden – nur ca. 15 bis 20 Ruten pro Laufmeter bleiben stehen. Dies führt auch zu einer besseren Besonnung der reifenden Früchte und somit zu einem besseren Ausreifen. Im Herbst werden die alten Triebe völlig entfernt und die Jungruten vorsichtig an den Drahtrahmen gebunden – sie sind die Tragruten für das kommende Jahr. Auf windexponierten, sonnigen Lagen können diese Ruten im Winter eventuell Trockenschäden erleiden. Sommerhimbeeren zählen auf Grund der aufwändigen Binde- und Pflegemaßnahmen zu den arbeitsintensivsten Beerenobstarten.

Sorten

AUTUMN BLISS
Herbsthimbeere, hohe Erträge, große Früchte, mäßiger Geschmack, starkwüchsig, widerstandsfähig gegen *Phytophthora*-Wurzelfäule, Ernte bis zum Frostbeginn

MEEKER Sommerhimbeere, mittlere Reifezeit, hohe Erträge, mittlere Fruchtgröße, sehr guter Geschmack, feste Früchte, gute Haltbarkeit, sehr wüchsig, für die Verarbeitung

RUBACA (NINIANE)
Sommerhimbeere, mittlere Reifezeit, sehr hohe Erträge, sehr große Früchte, mäßig im Geschmack, starkwüchsig, weiche Früchte, widerstandsfähig gegen *Phytophthora*-Wurzelfäule

SCHÖNEMANN Sommerhimbeere, Spätsorte, sehr hohe Erträge, große Früchte, guter, süßer Geschmack, gute Haltbarkeit, anfällig gegen *Phytophthora*-Wurzelfäule

TULAMEEN Sommerhimbeere, mittlere Reifezeit, sehr ertragreich, feste, große Früchte, guter Geschmack, gut haltbar, unbestachelt

WILLAMETTE Sommerhimbeere, sehr früh, mittlerer Ertrag, kleine Früchte, guter Geschmack, frostfest, robust

Neben den roten Himbeersorten gibt es auch noch rosarote und gelbe Formen. Diese Liebhaberpflanzen werden allerdings nur selten kultiviert.

Brombeere

Die ursprünglich in Europa, Asien und Nordamerika beheimatete Brombeere *(Rubus fruticosus,* Familie der Rosengewächse) wächst wild in lichten Wäldern, Kahlschlägen und Waldrändern. Sie plagt so manchen Gärtner auf Grund ihrer Wurzelbrut und Ableger als nicht ausrottbares Unkraut in verwilderten Teilen des Gartens. Ihr Name leitet sich aus dem althochdeutschen Wort »bramberi« ab. »Bramble« bedeutet im Englischen »Dornstrauch«. Die volkstümlichen Namen »Grummetbeere« und »Stoppelbeere« beziehen sich auf die Reifezeit während der zweiten Wiesenmahd (Grummet) im Sommer.

Stachelige Brombeere

Eigentlich schützt sich die Brombeere wie auch die Himbeere und Rose durch Stachel. Diese lassen sich leicht zur Gänze von den Trieben durch seitlichen Druck abbrechen, denn sie stellen nur Auswüchse der Pflanzenhaut (Epidermis) dar. Im Gegensatz zu Stacheln sind Dornen, wie beispielsweise bei der Berberitze oder Stachelbeere, umgewandelte Mini-Sprosse und somit fest mit der Pflanze verbunden. Die Stacheln dienen der Pflanze als Kletterhilfe der biegsamen Triebe (Spreizklimmer) und Fraßschutz.

VIELFÄLTIGE VERWENDUNG Aus alten, genügend großen Wurzelstöcken wurden früher Pfeifen gefertigt. Die Holzkohle soll bestes Schießpulver ergeben haben. Die oberirdischen Teile verwendete man zum Gerben, und die Früchte mancherorts zum Färben von Rotwein.

WILD- UND KULTURFORMEN Brombeeren tragen ihre Früchte an den einjährigen Kurztrieben, die sich an den langen Ruten des Vorjahres bilden. Die vielen Kultursorten, die bis heute gezüchtet wurden, sind das Ergebnis von Kreuzungen von mehr als einem Dutzend verschiedener *Rubus*-Arten. Während die Triebe der Wildformen durchwegs stark mit Stacheln bewehrt sind, gibt es unter den Kulturformen seit etwa 50 Jahren auch stachellose Sorten, die aus einer Mutation hervorgegangen sind. Sie waren ein wesentlicher Grund für einen zeitweiligen Aufschwung im Brombeeranbau und werden oft als »dornenlose Brombeeren« (engl. thornfree) bezeichnet.

STANDORTANSPRÜCHE Die anspruchslosen Brombeeren lieben tiefgründige Böden und sonnige Lagen – am idealsten in Form einer Pergola an Hausmauern, um die Gefahr von Frostschäden im Winter zu mindern. Brombeeren sind im Vergleich zu anderen Beerenobstarten nämlich kälteempfindlich. In Regionen mit starken Winterfrösten unter -15° C und frühem Wintereinbruch empfiehlt sich ein Winterschutz.

Fächererziehung

Palmettenerziehung

Erziehungssysteme bei der Brombeere

PFLANZUNG UND PFLEGE Brombeeren benötigen ebenfalls eine Stütze wie bei den Sommerhimbeeren und sind darüber hinaus auch bestens zur Pflanzung entlang von Wänden geeignet. Die Ruten der Brombeeren müssen dabei auf Grund ihrer Länge entweder horizontal (Palmettenerziehung) oder fächerartig befestigt werden.

Der Pflanzabstand beträgt je nach Höhe des Gerüstes etwa zwei bis vier Meter, wobei niedrige Gerüste einen weiteren Pflanzenabstand verlangen, um die Ruten auf einer größeren Breite verteilen zu können. Bei Brombeeren sollten neben den Tragruten vier bis acht Jungruten pro Pflanze belassen werden. Diese werden entweder laufend oder nach dem Entfernen der alten Tragruten im Herbst am Gerüst befestigt.

Brombeeren sollten wegen ihrer Frostempfindlichkeit erst im Frühjahr gepflanzt werden, oder mit Mulchmaterial aus Stroh, Laub oder Vlies über den Winter geschützt werden.

RÜCKSCHNITT Im Frühjahr schneidet man etwaige erfrorene Triebe bis ins gesunde grüne Holz zurück.

Volksglaube

Die erste Brombeere im Jahr vertreibt hartnäckige Warzen. Wer hingegen nach dem 10. Oktober Brombeeren pflückt, soll großes Unglück erfahren, weil der Teufel an diesem Tag seinen Klumpfuß auf die Pflanze stellt und all jene verwünscht, die versuchen, sich an den süßen Früchten zu laben.

Sorten

JUMBO mittlere Reifezeit, sehr ertragreich, sehr große, weiche Früchte, mäßiger Geschmack, unbestachelt

LOCH NESS Frühsorte, sehr hohe Erträge, sehr große, längliche Früchte, guter Geschmack, starkwüchsig, unbestachelt, anfällig für Mehltau

NAVAHO früh bis mittelfrüh reifend, sehr hohe Erträge, großfruchtig, sehr guter Geschmack, unbestachelt, winterfrostbeständig

THORNFREE Spätsorte, sehr hohe Erträge, großfruchtig, mäßiger Geschmack, unbestachelt, für die Verarbeitung

Johannisbeere

Die in Europa und Asien beheimateten Johannisbeerarten *(Ribes* sp.) wurden im Gegensatz zu anderem Obst erst relativ spät und hier vorwiegend in den Klöstern des Mittelalters in Kultur genommen. Die ältesten Abbildungen von Johannisbeeren werden auf das Ende des 15. Jahrhunderts datiert. Den Römern waren sie als Kulturpflanze unbekannt.

SCHWARZE, ROTE & WEISSE JOHANNISBEERE Von den vielen *Ribes*-Arten sind die Schwarze Johannisbeere *(R. nigrum)*, sowie die Rote und Weiße Johannisbeere (beide *R. rubrum)* von Bedeutung. Sie gehören zur Familie der Steinbrechgewächse (Saxifragaceae). Der Name Johannisbeere bezieht sich auf die Reifezeit um den Johannistag am 24. Juni. Auch die Namen Santihansbeere, Hanstraube oder Sant Johannis Trübelin leiten sich von der Ähnlichkeit zu Trauben und dem Reifezeitpunkt ab. Johannisbeeren werden in Österreich Ribisel genannt. In Weinbeschreibungen soll »Cassis« – der französische Name für Schwarze Johannisbeere – ausdrücken, dass der Wein im Bukett an Schwarze Johannisbeeren erinnert, was beispielsweise typisch für Rotweine wie Cabernet Sauvignon ist. Beerenaromen werden generell häufig für Weinbeschreibungen gebraucht.

WEISSE JOHANNISBEER-SORTEN sind weniger ertragreich als ihre roten oder schwarzen Verwandten, eignen sich aber wegen ihres Geschmacks sehr gut für Hausgärten.

ZIERFORMEN Neben den essbaren Johannisbeeren gibt es noch zahlreiche Zierformen wie beispielsweise die rot blühende Blutjohannisbeere *(Ribes sanguineum)*, deren Früchte allerdings ungenießbar sind.

STANDORTANSPRÜCHE ❧ Johannisbeeren stellen wenige Ansprüche an den Boden und gedeihen auch auf lehmigen, mittelschweren, aber nährstoffreichen Substraten gut. Die Sträucher sind sehr frostresistent und deshalb auch für größere Höhenlagen noch geeignet. Im Garten können sich die Sträucher auch auf halbschattigen Plätzen schön entwickeln.

PFLANZUNG UND PFLEGE ❧ Johannisbeeren werden im Hausgarten meist als Büsche gezogen, die aus etwa sechs bis zehn kräftigen Trieben bestehen und kein Gerüst benötigen. Die robusten Pflanzen werden von der Baumschule meist als so genannte wurzelnackte Ware verkauft.

Der Pflanzabstand beträgt ungefähr 1 bis 1,5 m, für dichte Hecken etwa 50 cm. Sollen die Sträucher als Formobst entlang von Gerüsten, wie sie bei der Sommerhimbeere beschrieben wurden, gezogen werden, stehen die 3-Ast-Hecke und die Spindelhecke zur Auswahl, die sich im Wesentlichen durch die Anzahl der Leittriebe unterscheiden. Zur leichteren Erziehung können vertikal Bambusstäbe oder Schnüre befestigt werden. Entlang der Leittriebe bilden sich dann jährlich die fruchtenden Triebe.

RÜCKSCHNITT ❧ Die Schnitt- und Erziehungsmaßnahmen sind wie bei der Stachelbeere beschrieben durchzuführen.

Sorten

BLANKA ❧ weißgelb, spät, hoher Ertrag, starkwüchsig, große Beeren, guter Geschmack, etwas säuerlich

DETVAN ❧ rot, früh, sehr hoher Ertrag, starkwüchsig, lange Trauben mit mittelgroßen Beeren, guter Geschmack, anspruchslos

HEINEMANNS SPÄTLESE ❧ rot, sehr spät, sehr hohe Erträge, schlechte Fruchtqualität, lange Trauben mit kleinen, hellen, samenreichen Beeren, mäßiger, säurebetonter Geschmack

JONKHEER VAN TETS ❧ rot, sehr früh, mittlerer Ertrag, lange Trauben mit großen Beeren, sehr guter Geschmack, hohe Standortansprüche, neigt zum Verrieseln, Standardfrühsorte im Erwerbsobstanbau, Blüten frostanfällig

OMETA ❧ schwarz, mittelfrüh, mittlerer Ertrag, sehr guter, aromatischer Geschmack, widerstandsfähig gegen Mehltau, Rost und Gallmilben

PRIMUS ❧ weißgelb, mittlere Reifezeit, mittlerer Ertrag, kleine Beeren, sehr schmackhaft

ROVADA ❧ rot, mittlere Reifezeit, sehr ertragreich, starkwüchsig, sehr lange Trauben mit großen Beeren, guter Geschmack aber säuerlich

TITANIA ❧ schwarz, mittelfrüh, sehr ertragreich, große Beeren, mittellange Trauben, guter Geschmack, widerstandsfähig gegen Mehltau und Rost

Stachelbeere

Die Stachelbeere *(Ribes uva-crispa)* war ursprünglich in den lichten Wäldern Europas und Asiens beheimatet und gehört wie die Johannisbeere zu den Steinbrechgewächsen. Sie wurde im 12. Jahrhundert das erste Mal erwähnt, die meisten Kultursorten entstanden aus Kreuzungen mit amerikanischen Arten. In England wurde sie erst im frühen 17. Jahrhundert in größerem Stil kultiviert und erreichte ihre Blütezeit im 18. und 19. Jahrhundert. Gerade die Briten schätzen den leicht herben, manchmal säuerlichen Geschmack der Frucht – wohl deshalb stammen die meisten Sorten von den britischen Inseln.

VOLLREIFE STACHELBEEREN verlieren etwas Säure und haben einen sehr hohen Zuckergehalt. Für die verarbeitende Industrie werden die Beeren oft noch unreif als so genannte Grünpflücke geerntet. Die Stachelbeere zählt trotz einer stattlichen Weltmarktproduktion eher zum Liebhaberobst.

STANDORTANSPRÜCHE Stachelbeeren sind wie Johannisbeeren wenig anspruchsvoll und gedeihen auch auf schwereren Böden gut. Sie blühen zeitig im Frühjahr und sind deshalb besonders spätfrostgefährdet. Sogenannte frühe Lagen, also südseitig gelegene, stark besonnte Hänge mit leichten, durchlässigen Böden, oder die Nähe von wärmespendenden Hauswänden sind für Stachelbeeren deshalb zu meiden. Empfindlich sind auch die Stachelbeerfrüchte selbst, die bei starker Einstrahlung Sonnenbrandschäden erleiden können. Halbschattige, absonnige Nordlagen sind deshalb für Stachelbeeren besser geeignet als sonnige Südlagen.

PFLANZUNG UND PFLEGE Die Pflanzung und Erziehung betreffend sind Stachelbeeren wie Johannisbeeren zu behandeln. Dies gilt sowohl für die Busch-, Hecken-, Spindel- und 3-Ast-Kronenkultur.

Die dornigen Pflanzen erschweren die Ernte- und Pflegearbeiten und erfordern konsequente Schnitt- und Bindemaßnahmen für einen lichten Kronenaufbau, beispielsweise in Form einer 3-Ast-Hecke, wie bei der Johannisbeere beschrieben. Im Hausgarten werden Stachelbeeren gerne als Hochstamm gezogen.

Die Blüten der Stachelbeere sind sehr spätfrostgefährdet.

Erziehungssysteme bei der Johannis- und Stachelbeere

3-Ast-Hecke Spindelhecke

Rechtzeitige Nachzucht

Als Spalier oder 3-Ast-Krone formiertes Obst neigt dazu vorzeitig zu vergreisen und abzusterben. Vor allem deshalb, da immer die gleichen Leittriebe vorhanden sind und nicht regelmäßig, wie bei den Büschen, durch Jungruten ersetzt werden. Geschickte Gärtner können die Leittriebe durch die rechtzeitige Nachzucht junger Bodentriebe nach etwa 5–6 Jahren ersetzen.

STACHELBEERHOCHSTÄMME werden durch Veredelung produziert. Beim Pflanzenkauf ist darauf zu achten, dass der Stamm gerade ist und die Veredelungsstellen gut verwachsen und verheilt sind. Wulstartige Wucherungen müssen dabei nicht unbedingt ein negatives Zeichen sein, sondern sind je nach Veredelungspartner mehr oder weniger stark ausgeprägt.

RÜCKSCHNITT Als Busch gezogen sind Stachelbeeren relativ pflegeleicht: Es genügt, wenn man ein ausgeglichenes Verhältnis zwischen den alten und jungen Bodentrieben erhält. Dazu werden im Herbst oder Winter vergreiste, kranke, verletzte und abgetragene Triebe knapp über dem Boden abgeschnitten.

Bei den als Formobst gezogenen Stachelbeeren werden in den ersten paar Jahren während der Heranzucht zur Spindel oder 3-Ast-Krone nur zwei bis drei seitliche einjährige Fruchttriebe pro Leittrieb belassen, um der Pflanze genug Energie für eine schnelle Kronenentwicklung zu bieten.

Später können bis zu acht Seitentriebe als Fruchttriebe dienen, die im Winter auf einen kurzen »Zapfen« mit wenigen Knospen eingekürzt werden. Aus diesen Knospen bilden sich im nächsten Jahr die Fruchtruten für das übernächste Jahr. Diese Rotation aus Tragholz und Jungholz sowohl bei der Buschkultur als auch beim Formobst gewährleistet eine jährliche Ernte.

Sorten

INVICTA grün, sehr früh, sehr ertragreich, mittelgroße Früchte, behaart, mittelmäßiger Geschmack, wenig mehltauanfällig

PAX rot, früh, hoher Ertrag, großfruchtig, leicht behaart, mittelmäßiger Geschmack, wenig mehltauanfällig, Triebe kaum bedornt!

ROKULA rot, früh, ertragreich, kleine Früchte, guter Geschmack, wenig mehltauanfällig

ROLONDA rot, spät, mittlerer Ertrag, kleinere, glatte Früchte, sehr geschmackvoll und aromatisch, wenig mehltauanfällig

ROTE TRIUMPHBEERE rot, mittlere Reifezeit, sehr hoher Ertrag, sehr großfruchtig, behaart, geschmackvoll, sehr mehltauanfällig

Heidelbeere

Kulturheidelbeeren haben große und weißfleischige Früchte. Das Fruchtfleisch der kleineren Waldheidelbeeren ist dagegen tiefblau gefärbt.

Die Heidelbeere zählt zur botanischen Gattung *Vaccinium,* die weltweit etwa 450 Arten umfasst und zur Familie der Heidekrautgewächse (Ericaceae) gehört. Diese leben in Symbiose mit Mycorrhizza-Pilzen, welche die fehlenden feinen Wurzelhaare der Pflanze ersetzen und somit die Aufnahme von Nährstoffen gewährleisten.

WALD- UND KULTURHEIDELBEERE

Grundsätzlich unterscheidet man zwischen der in Europa heimischen Waldheidelbeere *(V. myrtillus)* und der Amerikanischen Kulturheidelbeere *(V. corymbosum).* Es handelt sich dabei um nah verwandte, aber verschiedene Arten. Die Kulturheidelbeere ist demnach nicht wie irrtümlich oft angenommen eine Züchtung aus der Waldheidelbeere oder etwa gentechnisch verändert. Die wesentlichen Unterschiede der beiden Arten sind in der Tabelle dargestellt. Während Kulturheidelbeeren ähnlich den Johannisbeeren strauchartig wachsen, bilden Waldheidelbeeren wie die Preiselbeeren Ausläufer, wodurch eine Pflanze im Lauf der Jahre mehrere hundert Quadratmeter bedecken kann. Die blauen Anthozyan-Farbstoffe befinden sich bei der Kulturheidelbeere im Gegensatz zur Waldheidelbeere nur in der Schale und werden erst beim Kochen freigesetzt. Marmeladen, Desserts und Säfte sind demnach genauso tiefblau gefärbt wie bei der Verwendung der Waldheidelbeeren.

Unterschiede zwischen der Waldheidelbeere und der Kulturheidelbeere

	Waldheidelbeere	Kulturheidelbeere
Heimat	Europa, Asien	Nordamerika
Wuchs	20–40 cm groß, weit Ausläufer treibender Zwergstrauch, grüne Triebe	1,5–3 m groß, sehr wenig Ausläufer treibend, starker Stockausschlag, junge Triebe hellgrün bis grün, alte Triebe braun
Blüten	klein, rundlich bis abgeflacht, einzeln, grünlich mit rötlichem Schimmer	länglich, in Trauben, weiß bis cremefarbig
Blätter	0,5–2 cm, rote Herbstfärbung	5–7 cm, rote Herbstfärbung
Beeren	ca. 0,5 cm groß, dunkel, stark färbendes Fruchtfleisch	bis 2 cm groß, hellblau bereift, weißes Fruchtfleisch
Reifezeit	Juli–September	je nach Sorte, Mitte Juni–Oktober

NATURHEILMITTEL UND WIRTSCHAFTSGUT Während die Ureinwohner Amerikas alle Teile der Heidelbeere als Naturheilmittel verwendeten, nahm der gezielte kommerzielle Anbau erst spät (etwa Ende des 19. Jahrhunderts) seinen Anfang. Ausgehend von Amerika sind Heidelbeerkulturen zu einem bedeutenden Wirtschaftszweig zahlreicher Länder der Welt herangewachsen. In osteuropäischen Ländern werden Waldheidelbeeren auch heute noch für den Verkauf auf Märkten gesammelt.

STANDORTANSPRÜCHE Beim Anbau von Heidelbeeren muss man besondere Rücksicht auf die Bodenansprüche nehmen. Als Moorbeetpflanzen brauchen sie einen lockeren, humosen und stark sauren Boden mit einem pH-Wert von etwa 4 bis 5, während andere Obstarten pH-Werte im leicht sauren bis neutralen Bereich von 6 bis 7 bevorzugen. Sie meiden Staunässe und gedeihen in der Natur auf relativ nährstoffarmen Torf- und Sandböden. Eine entsprechende Bodenvorbereitung mit Torfersatzstoffen ist deshalb unumgänglich und ist im Kapitel Bodenvorbereitung ausführlich beschrieben. Moorbeetpflanzen wie auch die Preiselbeere und Cranberry vertragen größere Düngegaben – vor allem von Stickstoff – nicht. Sie sind sehr genügsam, die Verwendung von Stallmist ist deshalb ein absolutes Tabu!

Richtige Torfersatzsubstrate

Der hohe Holzanteil frischer Rindenhäcksel macht diese ungeeignet als alleiniges Torfersatzsubstrat für beispielsweise Moorbeetpflanzen. Bei der Verrottung wird der gesamte Stickstoff von den zersetzenden Mikroorganismen verbraucht und fehlt damit den Pflanzen. Verwenden Sie deshalb immer bereits verrottete Sägespäne, Rinden- oder Holzhäcksel.

PFLANZUNG UND PFLEGE Heidelbeeren sind besonders kältefest, selbst leichte Blütenfröste werden je nach Blühstadium gut vertragen. Heidelbeeren werden in der Baumschule meist als Containerpflanzen angeboten und können somit jederzeit gepflanzt werden, sofern der Boden nicht gefroren ist. Der Pflanzabstand beträgt etwa 1 bis 1,5 m.

RÜCKSCHNITT Der Schnitt wird wie bei den Stachelbeerbüschen beschrieben durchgeführt.

Sorten

BERKELEY mittelspät, lange Trauben, Beeren werden an warmen Tagen leicht weich, weniger geschmackvoll, anfällig für Triebwelke, knorriger, hoher, malerischer Wuchs und deshalb für die Gartengestaltung geeignet.

BLUECROP mittelfrüh, stark hellblau bereifte, mildsäuerliche Früchte, festfleischig, sehr hohe Erträge, Strauch bildet laufend zahlreiche Neutriebe aus dem Stock, ausladender Wuchs

COVILLE spät, guter Geschmack, niedrige Erträge

DUKE früh, große, geschmackvolle Beeren, sehr gut haltbar, dichttriebiger Strauch, regelmäßig hohe Erträge, wenig krankheitsanfällig

EARLIBLUE früh, mittelgroße Beeren, später reifende Beeren etwas kleiner

NUI mittelfrüh, neuseeländische Sorte, Sorte mit den derzeit größten Beeren, helle Früchte, braucht sonnige und warme Standorte zur guten Ausreife, da sonst säuerlicher Geschmack, eher breiter und niedriger Wuchs

Cranberry

Neben der Kulturheidelbeere ist die Cranberry *(Vaccinium macrocarpon)* die zweite wichtige Kulturpflanze der Gattung *Vaccinium*. Sie stammt ursprünglich aus dem Osten Nordamerikas, wo sie auf den sandigen Böden der Küstenregionen und in Moorlandschaften wächst. Die Beeren können als gleichwertige Alternative zu Preiselbeeren verwendet werden.

Die Blüte der Cranberry erinnert in ihrer Gestalt an den Kopf und Hals eines Kranichs (engl. crane), was wahrscheinlich zur Namensgebung führte. Im Laufe der Zeit wurde dann aus crane berry die Cranberry.

Auf Entdeckungsreisen

In den Zeiten der großen Entdeckungsreisen wurden Fässer mit Cranberries zur Vorbeugung gegen Skorbut auf den Schiffen mitgeführt. Die Cranberries der holländischen Insel Terschelling sollen Erzählungen nach ihren Ursprung in gestrandeten Fässern von gesunkenen Schiffen haben.

Unterschiede zwischen der Preiselbeere und der Cranberry

	Preiselbeere	Cranberry
Heimat	Europa, Asien	Nordamerika
Wuchs	15–30 cm groß, kurze unterirdische Ausläufer, wenig wüchsig, eher kurzlebig, hohe Standortansprüche	10–20 cm groß, lange oberirdische Ausläufer, sehr wüchsig und langlebig, robust
Blüten	weiß-rosa, glockenförmig, in Trauben	weiß-rosa, sternförmig geöffnet, einzeln
Blätter	ca. 0,5–2 cm, verkehrt eiförmig, ledrig, immergrün	ca. 1 cm, länglich oval, immergrün, rote Winterfärbung
Beeren	ca. 0,5–1 cm groß, rund, scharlachrot	ca. 1–2,5 cm groß, oval, dunkelrot
Reifezeit	August–September	je nach Sorte, September–Mitte November

ERNTE ❧ Durch die zahlreichen oberirdischen Ausläufer bildet die Cranberry auch am Naturstandort oft weite, dichte Wiesen. Die Beeren bilden sich im Herbst auf den vielen Ständertrieben der langen Ranken.

Das Sammeln der Früchte kann manchmal sehr mühsam werden, da diese auch im Dickicht der Triebe versteckt sind. Anders als bei der Preiselbeere sind die Beeren einzeln und nicht in Trauben angeordnet und werden daher im Hausgarten meist auch ohne Hilfsmittel mit den bloßen Händen gesammelt. Pflückkämme sind nur mäßig hilfreich, da sich die Zähne dieses Erntegerätes leicht im Dickicht verhaken und somit nur »oberflächlich« geerntet werden kann.

STANDORTANSPRÜCHE ❧ Cranberrys sind robuste Moorbeetpflanzen, die jedoch wie die Heidelbeere besondere Ansprüche an den Boden stellen. Statt Torf verwendet man im naturnahen Garten am besten Torfersatzsubstrate wie verrotteten Rindenmulch oder Sägespäne, um das notwendige saure, lockere Bodenmilieu zu schaffen. Die sorgfältige Vorbereitung des Bodens vor der Pflanzung ist unumgänglich und sollte gewissenhaft erledigt werden.

Die immergrünen Bodendecker sind im Winter durch die Schneeschicht oder eine künstlich aufgebrachte Abdeckung aus Reisig gut geschützt. Durch die späte Blütezeit besteht keine Spätfrostgefahr.

PFLANZUNG UND PFLEGE ❧ Acht bis zwölf Pflanzen pro Quadratmeter reichen aus, damit die Fläche nach zwei bis drei Jahren völlig bedeckt und unkrautfrei ist. Die beste Zeit zur Pflanzung ist das Frühjahr.

Cranberrys sollten alle paar Jahre mit einer dünnen Schicht aus verrottetem Rindenmulch überstreut werden. Dies fördert die Wurzelbildung an den bedeckten Ausläufern, sowie die vermehrte Bildung von neuen Ständertrieben, an denen sich die Früchte bilden.

RÜCKSCHNITT ❧ Bei Cranberries in Töpfen oder Balkonkistchen werden alle paar Jahre die besonders langen und oft schon vergreisten, kahlen Ausläufer stark eingekürzt, was ebenfalls den Neuaustrieb anregt.

Sorten

Viele der zahllosen Sorten sind Auslesen aus Wildstandorten und nicht aus gezielten Kreuzungen hervorgegangen.

Die so genannten »Big Four« stellen auch heute noch die wichtigsten Sorten dar.

Allesamt sind sie reich an wertvollen sekundären Inhaltsstoffen (vor allem Flavonoide und andere Polyphenole) sowie vielen Fruchtsäuren und werden deshalb meist nur in verarbeiteter Form genossen.

EARLY BLACK ❧ früh reifend, dunkelrote, mittelgroße, birnenförmige Früchte, geringe Bodenansprüche

HOWES ❧ später als die Sorte Early Black, auch der Ertrag ist etwas geringer, pektinreiche, mittel- bis kleinfruchtige, ovale Beeren

McFARLIN ❧ mittelspät, unregelmäßig geformte, dunkelrote Beeren, färben sich nach der Ernte nicht mehr nach

SEARLES (JUMBO) ❧ mittelfrüh, regelmäßig gute Erträge, mittelgroße, einheitlich ovale, weniger gut haltbare Beeren, färben sich nach der Ernte noch nach

Holunder

Der Holunder *(Sambucus nigra)* gehört zur Familie der Geißblattgewächse (Caprifoliaceae) und wird seit jeher als Nutz- und Heilpflanze verwendet. Der Gattungsname »Sambucus« wurde von den Römern gebraucht, soll sich aber auch auf den altgriechischen Namen für ein Blasinstrument (»sambuce«) beziehen.

FÄRBE- UND NAHRUNGSMITTEL Bereits in steinzeitlichen Siedlungen fand man Hinweise für die Verwendung dieser Pflanze als Färbe- und Nahrungsmittel. Das harte Holz mit dem weichen Mark in den jüngeren Ästen eignet sich für Tischler- und Drechslerarbeiten zur Fertigung von Pfeifen, Peitschenstielen, Flöten oder auch Reibbrettern. Heute wird der Holunder vorwiegend zur Farbstoffgewinnung sowie für die Getränke- und Pharmaindustrie angebaut. Die Farbe zum Stempeln von Fleisch in den Schlachthöfen wird ebenfalls aus Holunderbeeren gewonnen.

ALTE BRÄUCHE RUND UM DEN »HOLLER« Konnte man früher in ländlichen Regionen fast auf jedem Hof einen »Holler-Baum« finden, der die Bewohner beschützen sollte, so wird dieser Brauch heutzutage kaum noch gepflegt, sodass die traditionelle »Heilpflanze für alles« oder »Hausapotheke des Einödbauern« fast nur mehr an Waldrändern, Lichtungen sowie in Plantagen zu sehen ist. Die hohlen Triebe und der baumartige Wuchs

Vorsicht giftig!

Die Beeren enthalten eine Fülle an wertvollen Inhaltsstoffen wie das dunkelviolette Anthozyan »Sambucyanin«, sind aber durch das reich enthaltene Blausäure abspaltende »Sambunigrin« in rohem Zustand giftig. Verdauungsstörungen und Übelkeit können als Symptome auftreten. Beim Erhitzen werden die Giftstoffe zerstört.

könnten zur althochdeutschen Bezeichnung »holuntar« (-tar = Baum) geführt haben. Der hohe Stellenwert des Holunders wird mit der Aussage »Beim Vorbeigehen soll man vor Ehrfurcht den Hut ziehen« untermauert.

STANDORTANSPRÜCHE Holundersträucher mögen nährstoff-, vor allem aber stickstoffreiche Standorte mit ausreichender Feuchte aber keiner Staunässe. Spätfrostgefährdete Tallagen sind zu meiden.

Märchenhaft

Der österreichische Märchenerzähler Folke Tegetthoff erzählt in seinem Kräutermärchen »Holunder« von einem bescheidenen Schäfer, der die Leiden eines Königs mit den verschiedenen Pflanzenteilen des Hollers heilt. Am Ende – wie könnte es in einem Märchen anders sein – erhält er dafür die Tochter des Königs als Dank. Auf dessen Frage, was er denn seiner Tochter und dem Volk bieten könne, antwortete dieser: »Einen Wunderbaum, mein König.« So wurden Stecklinge im ganzen Land verteilt, was der Grund sein soll, dass auch heute noch bei vielen Häusern ein Holler-Strauch zu finden ist...

PFLANZUNG UND PFLEGE
Holunder pflanzt man – wenn sie als Hochstamm gezogen werden sollen – einfach in eine ausreichend große Pflanzgrube, in die vorher ein Pfahl geschlagen wurde. Der kräftige Haupttrieb wird nach dem Setzen am Pfahl mehrmals angebunden und über die Jahre auf die gewünschte Höhe hochgezogen, die Seitentriebe werden gänzlich entfernt. Sobald die erwünschte Stammhöhe erreicht ist, kann man die Verzweigungen im Kronenbereich belassen.

Der Pflanzabstand richtet sich nach der Verwendung. Bei Reihenkultur betragen die Abstände etwa drei bis 4 m, meist wird der Holunder aber als Solitärpflanze verwendet. Da der Holunder im Frühjahr recht bald austreibt, ist eine Pflanzung im Herbst ratsam. Da die Wurzeln von Holunderpflanzen gerne von Wühlmäusen gefressen werden empfiehlt es sich, einen möglichst großen, feinmaschigen Gitterkorb in die Pflanzgrube zu geben, der bis an die Bodenoberfläche reicht.

RÜCKSCHNITT Bei Holunder-Hochstämmen werden jedes Jahr bis auf acht oder zwölf kräftige Jungruten alle Triebe entfernt.

Sorten

Als Sorten sind vorwiegend großdoldige Selektionen aus Wildstandorten im Handel. Für den »Hausgebrauch« wird man sich die Blütendolden und Früchte aber wahrscheinlich von wild wachsenden Sträuchern sammeln. Wertvolle Züchtungs- und Selektionsarbeit wurde in Europa Mitte des vorigen Jahrhunderts vor allem in Dänemark und Österreich geleistet, woraus beispielsweise die noch heute bedeutende Sorte Haschberg – benannt nach dem Versuchsgut der Bundeslehranstalt Klosterneuburg bei Wien – hervorging.

Beerenspezialitäten

Tayberry

Die Taybeere (Taybeere, *Rubus fruticosus* x *Rubus idaeus)* ist eine Kreuzung aus Brombeere und Himbeere. Man erhoffte sich bei dieser Züchtung unter anderem eine himbeerähnliche Frucht, deren Blütenboden – der so genannte Zapfen – bei der Ernte wie bei der Brombeere an der Frucht bleibt und dieser somit eine bessere Stabilität während des Transports und der Lagerung in der Verkaufsschale beschert. Leider wurde mit der Tayberry diese Erwartung nicht erfüllt, auch der Geschmack ist nicht überragend.

Die verhältnismäßig großen Beeren sind allerdings vorzüglich für die Verarbeitung als Marmeladen oder Soßen geeignet. Weitere Brombeer-Himbeer-Hybriden sind die Boysenbeere, Youngbeere oder Loganbeere.

Jostabeere

Eine erfolgreiche Kreuzung zwischen zwei Arten innerhalb einer Gattung ist die Jostabeere *(Ribes nidigrolaria)*, ein Bastard aus Schwarzer **Jo**hannisbeere, **Sta**chelbeere und einer Wildform. Weniger gebräuchlich ist die Bezeichnung Jochelbeere (**Jo**hannisbeere x Sta**chel**beere).

Die wüchsigen Sträucher tragen Früchte, die in Größe und Geschmack zwischen den Eigenschaften der Eltern liegen. Die Beeren bleiben selbst bei voller Reife noch fest am Strauch, wodurch die Beerenhaut bei der Ernte am Stielansatz einreißen kann. Das macht sie für den Frischmarkt ungeeignet, erfreut sich aber als Liebhaberpflanze in verarbeiteter Form großer Beliebtheit.

Preiselbeere

Die Preiselbeere *(Vaccinium vitis-idaea)* ist neben der Heidelbeere und der Cranberry eine weitere wichtige Art der Gattung *Vaccinium.* Sie ist bei uns in Europa in Mooren, humusreichen Wäldern und besonders auf den Almen bis in eine Höhe von 2500 m zu finden.

Den Sprung zum intensiveren Anbau hat sie bis heute bis auf wenige Ausnahmen nicht geschafft und dieser wird in Zukunft auch nicht mehr zu erwarten sein. Größere Chancen hat stattdessen die Cranberry, die in ihren Verwendungsmöglichkeiten der Preiselbeere ähnelt, aber ungleich weniger kompliziert im Anbau ist.

Preiselbeeren sind, was den Boden betrifft, relativ heikel, vergreisen vergleichsweise schnell und sind auch schwieriger zu ernten. Trotzdem werden auf Märkten immer wieder frische Beeren feilgeboten, die meistens aber an Naturstandorten gesammelt wurden. Besonders in Ost- und Nordeuropa hat diese Beere eine lange Tradition.

Taybeeren (linke Seite), Preiselbeeren, Kapstachelbeeren und Japanische Weinbeeren

Kapstachelbeere

Der Name Kapstachelbeere *(Physalis peruviana)* wurde von den Australiern kreiert, nachdem diese Pflanze von Südamerika über Südafrika – dem Kap der guten Hoffnung – nach Australien eingeführt wurde. Manchmal schlicht als Physalis, Andenbeere, Ananaskirsche oder Inkapflaume bezeichnet, findet man sie auf den Frischmärkten und oft auch bei Handelsketten. Sie ist eine einjährige Sommerpflanze und ähnelt sehr stark der nah verwandten, aber nicht genießbaren Blasenkirsche oder Lampionpflanze mit ihrer roten pergamentartigen Fruchthülle.

Der essbare Teil, die orangerote, kirschgroße Beere, schmeckt je nach Reife süß bis säuerlich und ist von einer vertrockneten Hülle umgeben. Dieses eigenwillige aber attraktive Aussehen ließ die Kapstachelbeere zu einem gerne verwendeten Obst für Dekorationszwecke werden. Neben dem Frischkonsum sind Säfte, Marmeladen und Kompotte recht beliebt.

Japanische Weinbeere

Die Japanische Weinbeere *(Rubus phoenicolasius)* ist eine Liebhaberpflanze aus der Gattung *Rubus*, die wegen ihres Erscheinungsbilds auch gerne in der Gartengestaltung verwendet wird. Sie stammt aus Ostasien und wurde schon in der zweiten Hälfte des 19. Jahrhunderts in Kultur genommen. Auffallend sind die Triebe und die rispig angeordneten Blüten- und Fruchtstände, welche allesamt von feinen roten Drüsenhaaren mit klebrigem, in der Sonne schimmerndem Sekret übersät sind. Die Früchte sind himbeerähnlich, aber kleiner und im Geschmack etwas säuerlich.

Mutationen

Es gibt Mutationen von Erdbeersorten, die keine roten Anthozyan-Farbstoffe herstellen können und deshalb selbst in reifem Zustand weiß bis gelblich bleiben. Sie machen einen unreifen Eindruck und sind daher für Vögel nicht besonders verlockend. Auch gelbe Himbeersorten findet man gelegentlich in Baumschulen zum Verkauf angeboten. Stachellose Brombeeren sind ebenfalls Mutanten.

Beerenarten im Überblick

	Klima	Boden	Licht	Nährstoffbedarf	Pflanzzeit	Pflanzabstand
Erdbeere 	Rhizome sind frostempfindlich, Blüten spätfrostempfindlich	humose, gut strukturierte Böden ohne Staunässe	sonnig	mittel	Frühjahr, Sommer	25 bis 40 cm
Himbeere 	robust	lockere, tiefgründige, humusreiche Böden ohne Staunässe	sonnig	hoch	Herbst, Frühjahr	40 bis 70 cm
Brombeere 	Ruten sind frostempfindlich	weitgehend anspruchslos, tiefgründige Böden ohne Staunässe	sonnig bis halbschattig	mittel	Frühjahr	2 bis 4 m
Johannisbeere 	robust	weitgehend anspruchslos, auch lehmige, mittelschwere, aber nährstoffreiche Böden	sonnig bis halbschattig	mittel	Herbst, Frühjahr	1 bis 1,5 m, bei Hecken ca. 50 cm
Stachelbeere 	Blüten sind spätfrostempfindlich	wie die Johannisbeere weitgehend anspruchslos	halbschattig bzw. absonnige Nordhänge	mittel	Herbst, Frühjahr	1 bis 1,5 m, bei Hecken ca. 50 cm
Heidelbeere 	robust, Blüten wenig frostempfindlich	sauer, humos, verleichsweise nährstoffarm, locker, keine Staunässe	sonnig bis halbschattig	niedrig	Herbst, Frühjahr	1 bis 1,5 m
Cranberry 	robust, Blüten wegen später Blühzeit nicht frostempfindlich	besondere Ansprüche wie bei der Heidelbeere	sonnig bis halbschattig	niedrig	Herbst, Frühjahr	8 bis 12 Pflanzen pro m^2
Holunder 	robust, wegen des raschen Austriebs im Frühjahr manchmal spätfrostgefährdet	nährstoff-, besonders stickstoffreiche Böden ohne Staunässe	sonnig bis schattig	hoch	Herbst	3 bis 4 m

Vermehrung	Besondere Pflege	Wichtige Krankheiten und Schädlinge	Verwendungs-möglichkeiten	Besonders geeignete Sorten	Besonderheiten
Ausläufer	jährliche Mulchschicht aus Stroh	Graufäule, Wurzelfäulen	Bodendecker, Balkonkistchen	Gorella, Honeoye, Mieze Schindler, Thuriga	Pflanzung muss alle paar Jahre erneuert werden
Teilung, Wurzel-schnittlinge	hoher Humus-bedarf, Sommer-himbeere sehr arbeits- und pflegeintensiv	Wurzelfäule, Rutenkrankheiten	Raumteiler, leich-ter Sichtschutz	Meeker, Schöne-mann, Willamette	starke Unterschiede zwischen Sommer- und Herbsthimbeere
Absenker, Wurzel-schnittlinge	Winterschutz	Falscher Mehltau, Rankenkrankheit	Raumteiler, leich-ter Sichtschutz, Pergolen- und Wandbepflanzung	Loch Ness, Navaho	stachellose Sorten verfügbar
Teilung, Absenker, Stecklinge, Steckholz	hoher Pflege-aufwand bei Erziehung als Formobst	Stachelbeermehltau, Säulchenrost, Gallmilbe	Solitär, Formobst, Hecke, leichter Sichtschutz	Blanka, Jonkheer van Tets, Ometa, Primus	robuste Kulturpflanze
Absenker, Stecklinge, Steckholz	hoher Pflege-aufwand bei Erziehung als Formobst	Stachelbeermehltau	Solitär, Formobst, Hecke, leichter Sichtschutz	Invicta, Pax, Rokula, Rolonda	spätfrost- und sonnen-brandempfindlich
Absenker	mulchen mit Rinde, Holz-häcksel oder Sägespänen	Fruchtfäule, Triebwelke, Frostspanner	Solitär, Hecke, leichter Sichtschutz	Bluecrop, Coville, Duke	Moorbeetpflanze
Ausläufer, Stecklinge, Steckholz	überstreuen der Pflanzfläche mit verrottetem Rindenmulch	Fruchtfäulen	Bodendecker, Balkonkistchen	Early Black	Moorbeetpflanze
Stecklinge, Steckholz	Schutz vor Wühlmäusen	Fruchtfäule, Wühlmaus	Solitär	Haschberg	platzbedürftig, baumartiger Wuchs

Beeren im eigenen Garten

Mit Beerenpflanzen vereinen Sie in Ihrem Garten Dekoration und Nützlichkeit in vortrefflicher Weise: Als Hecken, Bodendecker, Einfassungen, zur Raumgliederung oder für Gefäße – der Verwendung sind dabei kaum Grenzen gesetzt. Bevor man sich allerdings voller Tatendrang in den Garten stürzt, um sein eigenes Beerenparadies zu schaffen, sollten ein paar wichtige Punkte beachtet werden, die für ein Gedeihen der jeweiligen Beerenarten entscheidend sind.

Gartengestaltung mit Beeren

Hauswände und Mauern schützen Brombeerpflanzen vor tiefen Temperaturen.

»Die Pflanzen machen den Garten, nicht der Zaun.« (Anonym)

NATUR ERLEBEN Durch den internationalen Handel werden uns fast ganzjährig frische Beeren angeboten. Trotzdem schmeckt das Obst aus dem eigenen Hausgarten, direkt vom Strauch und vollreif geerntet, wohl am besten. Durch die kluge Auswahl von verschiedenen Beerenarten und -sorten kann man dabei frisches Obst vom Frühjahr bis in den Herbst genießen. Dazu kommt die Freude am eigenen Gärtnern und die Betätigung an der frischen Luft während der Pflege- und Erntearbeiten. Besonders für Kinder eine wunderbare Möglichkeit, die Natur dabei im wahrsten Sinne des Wortes mit Genuss zu erleben und zu begreifen.

HERVORRAGENDES GESTALTUNGSELEMENT Beerensträucher eignen sich durch ihre unterschiedlichen Wuchseigenschaften hervorragend als Gestaltungselement und sollten deshalb nicht »in die Ecke verbannt« werden. Und bedenken Sie: Sie vereinen damit auf sehr einfache Weise das Ästhetische mit dem Nützlichen. Der geringe Platzbedarf im Vergleich zu beispielsweise Kernobst erlaubt es außerdem, eine Vielfalt an Beerenarten auf engstem Raum zu vereinen. Beerenpflanzen können im Vergleich zu immergrünen Sträuchern durch Austrieb, Blüte, Frucht und Laubfall den Wechsel der Jahreszeiten erlebbar machen und schaffen so Abwechslung im Garten.

Streng geordnet oder natürlich wild?

Je nach Form des Gartens sowie den Vorlieben und Wünschen des Besitzers kann die Gestaltung klaren geometrischen Richtlinien folgen oder eher einen natürlichen, vielleicht sogar ungeordnet wirkenden Charakter haben. Dabei muss die Auswahl der Pflanzen sowie der »toten Materialien« wie Wege, Stufen, Pergolen oder Zäune aufeinander abgestimmt sein.

»ORDNUNG« VERSUS »UNORDNUNG« Als Reihe gepflanzte Stachelbeerhochstämme auf einer kurz geschnittenen Rasenfläche entlang eines geraden Weges mit Betonformsteinen erzielen eine völlig andere Ästhetik als eine gemischte Hecke entlang eines geschwungenen Pfades mit Natursteinplatten. Bei formal gestalteten Gärten muss meist der Wuchs der Pflanzen durch Schnitt- und Bindemaßnahmen an die Geometrie der oben genannten »toten Materialien« angepasst werden, bei Naturgärten scheinen sie sich den

Gewächsen unterzuordnen. Je »geordneter« ein Garten gestaltet ist, desto pflegeintensiver wird er auch sein, hauptsächlich wegen der häufig notwendigen Schnitt-, Binde- und Formierarbeiten.

GESTALTERISCHE ÜBERGÄNGE
Verbindungen zwischen »Natur pur« und »streng formal« sind natürlich möglich und sinnvoll. Professionelle Gartengestalter oder Baumschulisten unterstützen bei der Planung.

Hecken, Sichtschutz, Raumgliederung

Um mit Beerensträuchern einen dichten Sichtschutz zu erzeugen, ist es notwendig, mehrere Reihen dicht aneinander zu pflanzen. Voraussetzung dafür ist, dass genügend Platz dafür vorhanden ist, denn einreihige Hecken bieten meist nur einen begrenzten Sichtschutz.

Eine weitere Möglichkeit für eine »grüne Wand« ist, dass man Sichtschutzwände mit den Sträuchern kaschiert – eine platzsparende Alternative zu mehrreihigen Hecken.

Beerenhecken aus Johannisbeeren, Josta, Stachelbeeren oder Heidelbeeren können den Gartenbereich optisch gliedern, indem man damit beispielsweise den Gemüsegarten von der Spielwiese oder den Vorgarten vom Sitzgarten trennt.

Dieser Effekt kann auch erzielt werden, indem man die Bereiche durch bewachsene Gerüste gliedert. Dazu werden zwischen Holz-, Metall- oder Betonsäulen Drähte gespannt, an die man die Ranken von beispielsweise Himbeeren, Brombeeren, Tayberry oder der Japanischen Weinbeere bindet.

Pergolen und Wandbepflanzungen

Es müssen nicht immer Weinreben oder rankende Zierpflanzen sein, um eine Pergola zu begrünen, auch Brombeeren sind dafür geeignet. Da es sich meist um einen Sitzbereich handelt ist die Verwendung von stachellosen Sorten empfehlenswert.

Entlang von Hauswänden und Mauern schützt die Wärmeabstrahlung vom Gemäuer empfindliche Brombeeren vor Frostschäden. Gerüstbepflanzungen können auch als grüner Hintergrund von Beeten mit Gemüse, niedrigen Stauden oder Sommerblumen dienen.

In Gruppen...

Eine der einfachsten und natürlichsten Formen der Pflanzung ist die Gruppenpflanzung. Dabei werden mehrere Sträucher einer Beerenart oder verschiedene Beerenarten kombiniert. Empfehlenswert sind Gruppen aus unterschiedlich hoch wachsenden Pflanzen. Es spricht natürlich nichts dagegen, auch normale Ziergehölze oder -stauden in die Gestaltung mit einzubeziehen. Oft ist es die Vielfalt, die besonders attraktiv wirkt.

Beispiele für Beerenarten als Vor- oder Unterpflanzung

Hauptpflanze	als Vor- oder Unterpflanzung geeignet
Johannisbeere, Josta, Stachelbeere, Himbeere, Brombeere, Tayberry, Japanische Weinbeere	Walderdbeere, Ananas-Erdbeere
Heidelbeere	Cranberry, Preiselbeere
Holunder	Kapstachelbeere

...oder als Solitärpflanzen

BLICKFANG Solitärpflanzen sind einzelne Sträucher, die oft an markanten Punkten im Garten gepflanzt werden und vorwiegend durch eine oder mehrere besondere Eigenschaften auffallen. Dies kann sowohl den Wuchs im Gesamten betreffen, oder auch nur bestimmte besonders auffällige Merkmale wie Blüte, Frucht, Blattform oder -farbe. Oft handelt es sich dabei um abnorme Spontanmutationen von bestehenden Sorten und keine gezielten Züchtungen.

Dauerhafte Attraktivität

Im günstigsten Fall ist die Attraktivität der Solitärpflanze über die gesamte Vegetationsperiode gegeben. Heidelbeeren beispielsweise bezaubern im Frühjahr durch die weiße Blütenpracht, fruchten im Sommer und tragen ein leuchtend rotes Herbstkleid.

GESÄUMTE WEGE Hochstämme von Stachelbeeren oder Johannisbeeren können als kleine Alleen entlang von Wegen oder Beeten gepflanzt werden. Selbst Holunderpflanzen können als Hochstamm gezogen prächtig zur Geltung kommen. Auch gelbfruchtige Himbeeren findet man gelegentlich in Baumschulen.

Bodendecker und Einfassungen

NIEDRIG WACHSENDE BEERENARTEN eignen sich bei flächiger Pflanzung hervorragend als Bodendecker oder Unterpflanzung. Sie bieten eine gute Alternative zur oft verwendeten Zwergmispel *(Cotoneaster)*, welche auch Wirtspflanze für die gefährliche Bakterienkrankheit »Feuerbrand« an Apfel, Birne und anderen Rosengewächsen ist.

CRANBERRY UND PREISELBEERE Dabei stehen mit der Cranberry und Preiselbeere auch Arten zur Verfügung die auf sauren Böden bestens gedeihen, ja die sogar auf solche Standorte angewiesen sind. Damit sind sie für Moorbeete in Kombination mit Heidelbeeren, Rhododendren oder Azaleen bestens geeignet. Cranberries und Preiselbeeren sind immergrüne Pflanzen, die Blätter der Cranberry verfärben sich im Winter rötlich. Auch die Früchte bleiben – sofern sie nicht geerntet werden – bis ins Frühjahr ohne zu verfaulen an der Pflanze. Sie werden jedoch nach dem ersten Frost ungenießbar. Cranberries sind insgesamt robuster und langlebiger, während Preiselbeeren höhere Bodenansprüche stellen, schneller vergreisen und absterben, und somit oft einen unansehnlichen löchrigen Bestand ergeben

ERDBEERWIESEN Die in Europa heimische Walderdbeere, die Ananas-Erdbeere (Gartenerdbeere), sowie die Wiesenerdbeere können ebenfalls flächig gepflanzt und als Erdbeerwiese genutzt werden. Die Walderdbeere hat von den dreien den zierlichsten Wuchs und bedeckt den Boden durch Ausläuferbildung. Die Ananas-Erdbeere wächst am kräftigsten und bildet dabei in unmittelbarer Umgebung Tochterpflanzen, so genannte Stolonen oder Kindel.

BEETEINFASSUNG Als Einfassung von Beeten oder entlang von Wegen sind besonders jene Beerenpflanzen geeignet, die zwar niedrig wachsen, aber nur wenige oder kurze

Ausläufer bilden, insbesondere Ananas-Erdbeeren, Monatserdbeeren oder Preiselbeeren. Wird der Pflanzbereich durch bauliche Maßnahmen wie etwa Wege, Randleisten oder Mauern begrenzt, können natürlich auch die stark Ausläufer treibenden Arten gesetzt werden.

Formobst

Die Kultivierung von Beerenpflanzen als Formobst ist weniger häufig als etwa bei Kernobst, kann aber dennoch in formal gestalteten Gärten eingesetzt werden. Obwohl auch das Anbinden von Brombeeren oder Himbeeren an das notwendige Gerüst eine Art von Formierung darstellt, ist hier das gezielte Schneiden, Binden und Formieren von nicht rankendem Beerenobst entlang von Draht oder Holzgerüsten gemeint. Das betrifft vor allem die Johannisbeere, Stachelbeere und Josta. Die Sträucher können dabei entweder als 3-Ast-Hecke oder Spindel-Hecke gezogen werden (siehe Kapitel Pflanzung).

Formiertes Obst neigt allerdings dazu, früher zu vergreisen und abzusterben. Die Formerziehung wird trotz des Mehraufwands durch Gerüst und Arbeitszeit wegen der einfacheren Ernte und besseren Fruchtqualität großteils auch im Erwerbsobstbau praktiziert.

Standortwahl

Klima

Im gemäßigten Klima unserer Breiten können Beeren je nach kleinklimatischen Bedingungen bis zu einer Höhenlage von etwa 1400 bis 1600 m erfolgreich ohne spezielle Anbaumethoden kultiviert werden. Zu beachten ist, dass sich die Entwicklung der Pflanze mit Zunahme der Höhe verspätet, was eine verzögerte Fruchtreife und Ernte mit sich bringt.

FRÜHE LAGEN Sogenannte frühe Lagen, also südseitig gelegene, stark besonnte Hänge mit leichten, durchlässigen Böden, oder die Nähe von wärmespendenden Hauswänden fördern einen frühen Austrieb und damit eine rasche Entwicklung.

NACHTEILIGE FAKTOREN können Tallagen, Mulden oder größere Geländesenken sein, in denen sich kühle Luft sammeln kann, die an den Hängen abfließt. Doch auch an Hängen selbst kann sich die Kaltluft an dichten Hecken, Mauern oder Häuserwänden stauen. In solchen teilweise sehr kleinräumigen Kaltluftseen liegt die Temperatur oft mehrere Grad tiefer als in der Umgebung und kann frostgefährdete Pflanzen besonders während der Blüte schädigen und zu einem Ernteausfall führen.

Durch Beachtung von topographischen Gegebenheiten kann man die Ertragssicherheit somit wesentlich verbessern.

LICHT Neben der Temperatur ist Licht – beziehungsweise Strahlung – für Pflanzen, die ihren Energiehaushalt durch Fotosynthese bestreiten, ein wesentliches Kriterium für eine gute Entwicklung. Obwohl die meisten Beerenarten auch im Halbschatten oder in schattigen Bereichen gedeihen würden, führen vollsonnige Standorte zu geschmack- und gehaltvolleren Früchten, die außerdem besser ausgereift sind.

WIND Ein weniger bedeutender Standortfaktor ist der Wind. Windschutzmaßnahmen sind deshalb nur sehr selten notwendig und können gegebenenfalls durch Wände, Hecken und die Auswahl geschützter Bereiche bei Neupflanzungen erreicht werden.

Boden

Nicht jeder Boden ist für jede Beerenart geeignet, im Bedarfsfall muss man den Boden anpassen, völlig austauschen oder auf Gefäße wie Töpfe oder Tröge ausweichen. Grundsätzlich sind lockere, durchlässige, strukturstabile Böden mit hohem Gehalt an organischer Substanz von Vorteil. Humose Böden mit vielen organischen Stoffen erwärmen sich schneller, sind locker, gut durchlüftet und meist ausreichend mit Nährstoffen versorgt. Schwere, tonige bzw. lehmige Böden sind schlecht drainagiert und damit anfällig für Staunässe und Verdichtung.

Pflanzenwahl

Über Erfolg oder Misserfolg bei der Anlage eines Beerengartens entscheidet auch die sorgfältige Auswahl des Pflanzmaterials. Allgemein sind kräftig entwickelte, gesunde Sträucher mit gut ausgebildetem Wurzelwerk Voraussetzung für ein gutes Wachstum und Gedeihen. Triebe sollen nicht beschädigt sein oder Zeichen von Schädlingsbefall aufweisen.

Beerenobstpflanzen sind in unterschiedlichen Qualitätsstufen erhältlich, die sich dann freilich auch im Preis unterscheiden.

CONTAINERPFLANZEN sind durch den Mehraufwand in der Baumschule zwar teurer, der Erfolg beim Anwachsen ist dabei aber generell höher, da der Wurzelballen vom Topf geschützt wird. Außerdem können solche Pflanzen ganzjährig gepflanzt werden, solange der Boden nicht gefroren ist.

TIPP **Achten Sie beim Pflanzenkauf darauf, dass bei Containerpflanzen die Töpfe nicht zu klein sind, denn dann werden die Wurzeln verletzt oder in einen Drehwuchs gezwungen was für die weitere Entwicklung negativ sein kann.**

BALLENPFLANZEN werden in der Baumschule regelmäßig verpflanzt, was zu einem kompakten Wurzelballen führt. Verkaufsfähige Ware wird ausgegraben und der Wurzelballen im Bedarfsfall mit einem Netz oder Tuch umhüllt, um dessen Zerfallen zu verhindern. Es ist darauf zu achten, dass der Ballen nicht zu klein und gut durchwurzelt ist.

WURZELNACKTE PFLANZEN sind zwar meist billiger, jedoch nur in laubfreiem Zustand zu verpflanzen, also vom Spätherbst bis ins Frühjahr.

Die Fachleute in den Baumschulen beraten Sie gerne bei der Pflanzenauswahl, helfen Ihnen bei der Sortenentscheidung und geben Tipps für die Bodenvorbereitung sowie das Setzen und die Pflege – nur ernten »müssen« Sie selbst... Natürlich besteht auch die Möglichkeit, Beerenobst selbst aus dem im Garten vorhandenem Pflanzenbestand zu vermehren, was einerseits kostengünstig ist, andererseits aber zeitaufwändig ist und zumindest eine längerfristige Planung voraussetzt.

Pflanzung

Frische Sägespäne sind im Vergleich zu verrotteten Sägespänen als Torfersatzstoff ungeeignet.

Pflanzzeit

»Herbstzeit ist Pflanzzeit« heißt es, doch das stimmt nicht immer. Obwohl im Herbst gepflanzte Sträucher noch Zeit haben, um einzuwurzeln und daher zu Beginn des neuen Vegetationsjahres schon einen Vorsprung haben, können doch manche Beerenarten (wie zum Beispiel Brombeeren) in besonders rauen Lagen im ersten Winter arg leiden.

Bodenvorbereitung

Hat man einen geeigneten Platz für seinen Beerengarten ausgewählt und stehen die Pflanzen bereit, so kann man mit dem Ausheben des Pflanzlochs beginnen. Sollte Ihr Boden überhaupt nicht den Ansprüchen der gewünschten Beerenpflanzen entsprechen, so müssen Sie die Erde der Pflanzgrube völlig durch ein passendes Substrat ersetzen oder auf große Töpfe oder Tröge ausweichen.

DER RICHTIGE BODEN FÜR MOORBEETPFLANZEN Heidelbeere, Cranberry und Preiselbeere stellen als Moorbeetpflanzen besondere Ansprüche an den Boden, der unbedingt luftig, humusreich und sauer sein muss (pH-Wert von etwa 4 bis 5). Böden mit diesen Eigenschaften sind in Mooren und Wäldern zu finden.

»Willst du ein Leben lang glücklich sein, dann leg einen Garten an.«
(Anonym)

IM NATURNAHEN GARTEN kann mit Torfersatzstoffen das notwendige Milieu geschaffen werden. Beim Einsatz von Rinde, Holzhäcksel oder Sägespänen ist unbedingt darauf zu achten, dass kein frisches Material verwendet wird, denn Mikroorganismen verbrauchen bei der Zersetzung dieser Stoffe sehr viele Nährstoffe, die der Pflanze dann fehlen. Gehäckselte Rinde oder Sägespäne müssen zumindest teilweise verrottet

Ausbreitung der Wurzeln

Generell ist darauf zu achten, dass die Pflanzgrubenränder bei schweren Böden nach dem Ausheben mit dem Spaten nicht völlig glatt abgestochen sind, denn dies würde denselben Effekt wie eine Topfwand haben und die Wurzeln in ihrer Ausbreitung in die Umgebungserde erschweren. Lockern Sie deshalb nach dem Ausheben der Grube am besten mit einer Grabgabel die Seiten ein wenig auf.

sein, am besten jedoch ein bis zwei Jahre abgelegen sein. Aber selbst dann empfiehlt sich noch die Mischung mit Nadelstreu oder Laubresten aus dem eigenen Garten.

Wer ohne den Einsatz dieser Materialien im Garten auskommen möchte, muss leider auch auf diese Sonderkulturen verzichten, denn die *Vaccinium*-Arten sind diesbezüglich sehr heikel.

Vor dem Pflanzen

WURZELNACKTE PFLANZEN Bei wurzelnackten Pflanzen ist meist ein stärkerer Rückschnitt der oberirdischen Pflanzenteile notwendig, um das gestörte Wurzel-Trieb-Verhältnis wieder herzustellen, denn die geschädigten Wurzeln können den Bedarf an Wasser für die gesamte Krone nur schwer nachliefern. Auch verletzte Wurzeln schneidet man mit einer Gartenschere glatt ab, um die Eintrittspforten für Krankheiten zu minimieren.

BALLIERTE PFLANZEN Werden größere Ballenpflanzen gesetzt, dann sind Netze oder Leinen, die den Wurzelballen zusammenhalten und schützen, zu entfernen.

IM TOPF Bei stark durchwurzelten Topfpflanzen soll der Wurzelballen vor dem Pflanzen ein wenig gelockert werden. Hochstämme benötigen zumindest in den Anfangsjahren einen Pfahl als Stütze. Dabei soll der Pfahl aber nicht **nach** der Pflanzung **durch** den Wurzelballen geschlagen werden, sondern schon **vor** dem Setzen und **neben** dem Wurzelballen verankert werden.

TIPP Vor dem Pflanzen ist es ratsam, die Wurzeln für wenige Minuten in einen Kübel mit Wasser zu tauchen, sodass sich der Wurzelballen voll saugen kann.

Das Anpflanzen

Die Pflanzen sollten – mit Ausnahme der Erdbeere – etwas tiefer in den gelockerten Boden gesetzt werden, als sie im Topf oder der Baumschule standen.

Nach dem Setzen ist das Andrücken der Erde mit der Hand und bei größeren Sträuchern auch mit dem Fuß, sowie kräftiges Einschlämmen mit viel Wasser notwendig, damit auch die feinen Wurzeln mit dem Boden in Kontakt kommen und nicht austrocknen.

Die Pflanzung von Strauchbeeren

Pflanzung von Bodendeckern

Bodendecker sollten versetzt im so genannten Dreiecksverband gepflanzt werden, damit die Fläche rasch und gleichmäßig zuwächst.

PFLANZUNG VON BODENDECKERN

Bodendecker werden flächig auf den zu bewachsenden Bereich verteilt. Der Bereich zwischen den Pflanzen sollte mit einer Mulchschicht bedeckt sein, um starken Unkrautwuchs zu verhindern.

TIPP **Zur Arbeitserleichterung ist es ratsam, die Mulchabdeckung schon vor dem Pflanzen der Bodendecker auf die ganze Fläche auszubringen und erst dann die einzelnen Pflanzen zu setzen. Allerdings ist darauf zu achten, dass beim Setzen die Wurzelballen dann wirklich in die Erde gepflanzt werden und nicht nur in die Mulchschicht eingebettet sind.**

Nach dem Pflanzen

Manchmal ist es nötig, die Pflanzen nach dem Setzen etwas zurechtzuschneiden. Dabei werden sehr alte, kranke, verletzte und abgestorbene Triebe mit einer Schere entfernt beziehungsweise die Pflanzen in Form gebracht.

Der Bereich um die Pflanzen kann entweder mit Bodendeckern bepflanzt oder mit Mulch abgedeckt werden. Damit wird die Bodenfeuchte länger und gleichmäßiger zwischen den Regen- oder Gießintervallen gehalten. Beim Verrotten des Mulchs werden außerdem über die Humusbildung Nährstoffe freigesetzt und für die Pflanzen verfügbar gemacht. Besonders Heidelbeeren mit ihren sehr oberflächennah gelegenen Feinwurzeln lieben diese Art der Pflege.

Rund um Erdbeeren wird meist eine Strohabdeckung ausgebracht, welche verhindert, dass die reifenden Früchte auf der Erde aufliegen, verschmutzen und rasch faulen.

Kulturheidelbeeren haben ein sehr flaches Wurzelwerk.

Hegen und Pflegen

Eine schwarze Mulchfolie unterdrückt bei Erdbeeren das Unkraut und schützt die Früchte zudem vor Fäule.

»Wer im Garten arbeitet, gehört zu den ruhigsten, abgeklärtesten Menschen.«
(Paul Wilson, amerikanischer Erzähler, Essayist und Aphoristiker)

Schnitt

Auch Beerenobstarten müssen regelmäßig geschnitten werden, wodurch die Anzahl der Beeren zwar reduziert wird, doch die Qualität der Früchte und die Regelmäßigkeit des Ertrags über Jahre gewährleistet werden. Die unterschiedlichen Wuchs- und Entwicklungseigenschaften der einzelnen Beerenobstarten verlangen sehr unterschiedliche Schnittmaßnahmen und sind bei den Beerenporträts beschrieben.

Bei den Herbsthimbeeren werden nach dem ersten Frost alle Ruten am Boden abgeschnitten.

Düngen

Durch den Schnitt, Blattfall und die Ernte der Früchte werden dem System Boden/Pflanze laufend Nährstoffe entzogen. Ist der Mutterboden nicht in der Lage, diese Nährstoffe nachzuliefern – was bei einer langjährigen Kultur und besonders bei Topfpflanzungen rasch der Fall ist – dann muss mit Düngergaben nachgeholfen

Die Nährstoffsituation für die Pflanze

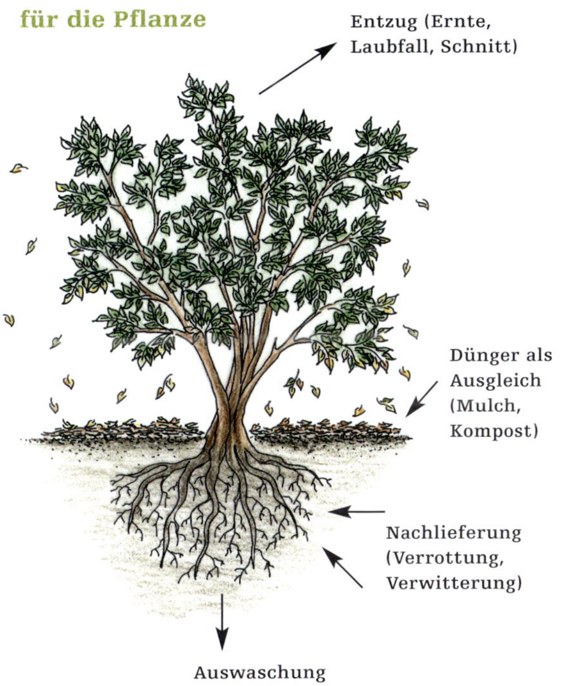

werden, um die Bodenfruchtbarkeit zu erhalten. Düngemaßnahmen sollten immer rechtzeitig durchgeführt werden und nicht erst dann, wenn sich Mangelsymptome zeigen.

DIE WICHTIGSTEN PFLANZENNÄHRSTOFFE

Die Hauptnährelemente für Pflanzen im Boden sind Stickstoff (N), Phosphor, (P), Kalium (K), Kalzium (Ca), Magnesium (Mg) und Schwefel (S).

STICKSTOFF ist Bestandteil einer Vielzahl von biologisch wichtigen Verbindungen in der Pflanze, wie etwa den Eiweißstoffen, dem Chlorophyll oder der Erbsubstanz und beeinflusst damit am stärksten das Pflanzenwachstum. Mangelerscheinungen äußern sich als Vergilbungen (Chlorosen) an den älteren Blättern, sowie in einem reduzierten Wachstum der gesamten Pflanze. Organische Dünger wie Stallmist oder Kompost enthalten viel und rasch pflanzenverfügbaren Stickstoff.

PHOSPHOR Phosphormangel wird oft schwer erkannt, da die Blätter vorerst dunkelgrün bis leicht rötlich werden. Erst später zeigen sich neben Wuchshemmung auch Absterbeerscheinungen am älteren Laub. Knochen- und Blutmehl enthalten z.B. viel Phosphor.

KALIUM ist unter anderem für die Regulation des Wasserhaushaltes wichtig und erhöht die Frost-, Krankheits- und Stresstoleranz. Bei einem Mangel wölben sich die älteren Blätter oft, bleiben vorerst aber dunkel gefärbt. Erst später bilden sich Blattrandnekrosen. An heißen Tagen sind Welkesymptome (Welketracht) bemerkbar, und auch das Wachstum ist eingeschränkt. Holzasche enthält sehr viel Kalium.

KALZIUM Kalziummangel äußert sich an den jungen Blättern und Austrieben durch Chlorosen und Kümmerwuchs, im Extremfall bilden sich vom Blattrand ausgehend Nekrosen.

MAGNESIUM Bei Magnesiummangel werden die alten Blätter chlorotisch, wobei die Blattadern dunkelgrün bleiben. Kalzium- und Magnesiumunterversorgung treten vorwiegend auf stark sauren Böden auf und können durch Kalkung (Kalziumkarbonat) oder Gesteinsmehl aus Dolomit (Ca- und Mg-haltig) behoben werden. Diese Stoffe wirken doppelt, denn sie liefern einerseits Nährstoffe und machen durch das Anheben des pH-Wertes viele gebundene Nährstoffe wieder verfügbar.

SCHWEFEL Schwefelmangel macht sich ähnlich wie bei Stickstoffmangel durch chlorotische Blätter bemerkbar, wobei hier eher junges Laub betroffen ist. Eine Unterversorgung von Schwefel war bis vor wenigen Jahren durch den Eintrag aus Industrieabgasen nur selten zu bemerken, was sich durch die bessere Abgasfilterung und damit verringerte Immissionen geändert hat. Kompost aus Grüngut kann die Schwefelversorgung verbessern.

KOMPOST

Der klassische Dünger für den naturnahen Garten ist der Kompost, wenn auch nicht alle Beerenarten, wie die Heidelbeere und die Cranberry, diese wahre Nährstoffbombe vertragen. Kompost schafft eine krümelige Bodenstruktur und belebt die Erde mit zahlreichen nützlichen Mikroorganismen und Bodentieren. Organischer Abfall, der im Haushalt und Garten anfällt, wird so in eine nutzbringende Form umgewandelt.

HERSTELLUNG Kompost kann auf verschiedene Weise hergestellt werden und braucht zur Reifung etwa sechs bis neun Monate. Je nach Platzangebot und Menge an organischen Abfällen kann man größere Kompostmieten aufsetzen oder kleinere Kompostbehälter aus Holz oder Kunststoff füllen.

RICHTIGE MISCHUNG Wichtig für eine zügige Kompostierung ist die richtige Mischung des Ausgangsmaterials. Entscheidend ist dabei das Verhältnis an Kohlenstoff (C) und Stickstoff (N), das so genannte C/N-Verhältnis. Bei der Verrottung, also der Zersetzung von organischer Substanz in kleinere chemische Verbindungen, brauchen auch die beteiligten Mikroorganismen Nahrung wie Stickstoff. Ist das C/N-Verhältnis sehr hoch, also sehr viel Kohlenstoff durch einen hohen Anteil an Holz- und Rindenteilen im Kompostansatz vorhanden, dann wird der gesamte verfügbare Stickstoff von den Mikroorganismen gebunden. Damit verzögert sich einerseits die Verrottung und andererseits ist vorerst auch weniger Stickstoff für die Pflanze übrig. Das optimale C/N-Verhältnis liegt in etwa bei 25–30:1. Kohlenstoffreiche Stoffe sind Rinden- und Holzhäcksel, Stroh und Laub, während Rasenschnitt und Küchenabfälle sehr stickstoffreich sind. Ein hoher Holzanteil ergibt außerdem einen strukturreicheren, gröberen, nährstoffärmeren Kompost.

Ist das C/N-Verhältnis zu niedrig, besteht die Gefahr von Fäulnis und einer damit einhergehenden Geruchsbelästigung.

MULCH

Eine weitere beliebte Methode der Nährstoffnachlieferung ist das Aufbringen einer Mulchschicht aus organischen Materialien. Beim Verrotten werden Nährstoffe für die Pflanze nachliefert, was einer »Kompostierung vor Ort« gleichkommt. Das Potential zur Nährstofffreisetzung kann sehr unterschiedlich sein und hängt in erster Linie vom Mulchmaterial, der Bodentemperatur und -feuchte sowie der Aktivität der Mikroorganismen ab. Stallmist und Kompost

Geeignete Mulchmaterialien

Mulchmaterial	Beerenart	Nährstoffgehalt	Dauer bis zur Freisetzung der enthaltenen Nährstoffe
Rasenschnitt	Himbeere, Brombeere, Johannisbeere, Stachelbeere, Josta, Tayberry	mittel	mittel
Stroh	Erdbeere	gering	lang
Kompost	Himbeere, Brombeere	mittel bis hoch	kurz
Stallmist	Himbeere	hoch	kurz
Rinde, Sägespäne	Heidelbeere, Cranberry, Preiselbeere	gering	lang
Holzhäcksel	Heidelbeere	gering	lang

sind reich an schnell verfügbaren Nährstoffen, vor allem Stickstoff. Nicht jedes Mulchmaterial ist für jede Beerenart als Dünger geeignet!

Gießen

Grobkörnige, sandige Böden haben eine geringe Wasserhaltefähigkeit, trocknen schneller aus und sind bei oftmaligem Gießen anfällig für Nährstoffauswaschung. Die beste Wasserversorgung bieten humose, strukturstabile Böden. Eine konstante mäßige Feuchte ist anzustreben, wobei Abdeckungen mit Mulch ausgleichend auf den Bodenwassergehalt wirken. Für kleine Gärten kann man Regenwasser in Tonnen sammeln, das sich erwärmt und damit verträglicher ist als kühles Leitungswasser.

TIPP **Beim Gießen die Blätter und Triebe möglichst nicht benetzen, denn dies kann die Entwicklung von Schadpilzen fördern. An sonnigen Tagen besteht außerdem die Gefahr von Verbrennungen, wenn Wassertropfen auf den Blättern wie fokussierende Linsen wirken.**

Mulchen

Generell ist es ratsam, den Bereich um die Pflanze von Unkraut freizuhalten, denn es konkurriert mit den Kulturpflanzen um Licht, Nährstoffe und Wasser. Dafür eignet sich am besten die Abdeckung mit einer Mulchschicht. Je nach Mulchmaterial, -dicke und Beerenobstart muss diese alle ein bis fünf Jahre erneuert werden. Neben den Effekten als Unkrautschutz und Nährstofflieferant wirkt sich Mulch auch insofern positiv auf den Boden aus, weil Verschlämmung, Verdichtung und Erosion verhindert, das Bodenleben begünstigt und eine konstante Feuchtigkeit gehalten werden.

Winter- und Frostschutz

Frühfrost im Herbst, extrem kalte Wintertemperaturen oder Spätfrost im Frühjahr können zu Schädigungen unterschiedlicher Pflanzenorgane führen. Die einzelnen Beerenobstarten unterscheiden sich in ihrer Empfindlichkeit dabei wesentlich. Generell sind schlecht ausgereifte Triebe gefährdet, die vor allem bei überdüngten und damit stark wachsenden Pflanzen auftreten.

»FROSTTROCKNIS« Doch auch eine gute Holzreife kann bei empfindlichen Arten wie der Brombeere vor Schäden nicht schützen. Oft wird nicht bedacht, dass Pflanzen auch im Winter Wasser verdunsten, die Nachlieferung aus dem gefrorenen Boden aber nicht gewährleistet ist. Die Pflanzen können dabei vertrocknen, was als »Frosttrocknis« bezeichnet wird. Dies betrifft vor allem Topfpflanzungen sowie immergrüne Beerenarten wie Cranberries und Preiselbeeren.

SCHUTZ VOR KÄLTE Als Schutz kann man die Bodendecker vor dem Winter mit Zweigen aus Reisig oder Vlies abdecken. Schnee, der gegebenenfalls auch mit der Schaufel über die Bodendecker deckend ausgebracht werden kann, ist die beste Schutzmaßnahme. Topf- und Trogpflanzen können in ein Vlies gehüllt und an einem schattigen, windgeschützten Bereich im Garten aufgestellt werden.

Eine Mulchschicht aus Stroh unterdrückt das Unkraut und schützt die Beeren vor Fäulnis.

Krankheiten und Schädlinge

Netze schützen vor Vogelfraß.

Vorbeugen statt heilen

Ein erfolgreicher Beerenanbau beginnt schon bei der richtigen Wahl von **gesundem Pflanzmaterial,** das frei von Schädlingen ist. Die Auswahl von **resistenten** oder zumindest **wenig anfälligen Sorten** ist außerdem empfehlenswert.

Eine **optimale Standortwahl und Bodenvorbereitung,** sowie **regelmäßige Pflege** durch Schnitt, Bewässerung und Düngung sind wesentliche Maßnahmen. Nur wenn es der Pflanze physiologisch gut geht, kann sie sich auch besser gegen Schaderreger wehren. Nachdem die meisten Schadpilze auf eine ausreichende Feuchtigkeit angewiesen sind, sind alle Maßnahmen, die ein **rasches Abtrocknen der Pflanzen** begünstigt, vorteilhaft. Dazu gehören ein regelmäßiger Schnitt, nicht zu dichte Pflanzabstände, sowie die Meidung von völlig windstillen Standorten.

So genannte **phytosanitäre Maßnahmen** (»Pflanzenhygiene«) haben den Sinn, infektiöses Material von den Pflanzen fern zu halten und damit den Infektionsdruck zu vermindern.

Laubfrosch und Florfliege

Das ökologische Gleichgewicht – ein gesundes Miteinander

Erst wenn das ökologische Gleichgewicht gestört ist wird ein potentieller Schädling zum Schädling. Das natürliche Gleichgewicht in einem funktionierenden Ökosystem lässt es nicht zu, dass ein Organismus die Überhand gewinnt und sich massenhaft ausbreitet. Wechselseitige, dynamische Selbstregulation kann nur dann funktionieren, wenn eine Vielfalt an verschiedenen Lebewesen vorhanden ist, die sich gegenseitig regulieren.

Nützlinge

Igel sind nachtaktiv und fangen Schnecken, Larven und Raupen. Im Winter verkriechen sie sich gerne in Häufen aus Ästen, Laub und Streu.

Für **Vögel** können Nistkästen aufgehängt werden. Sie sammeln vor allem während der Brutzeit massenhaft Larven, Käfer und Würmer. Während der Beerenreife kann es notwendig sein, dass man die Ernte durch Netze schützen muss.

Auch **Eidechsen, Blindschleichen, Frösche** und **Laufkäfer** ernähren sich von verschiedenen Schädlingen und verstecken sich gerne in Steinschlichtungen.

Insekten wie **Florfliegen, Marienkäfer, Ohrwürmer** und **Schwebfliegen** sind exzellente Blattlausvertilger, wobei die Larven des Marienkäfers besonders effizient sind.

Mittlerweile werden Nützlinge sogar gezielt gezüchtet und vermarktet – bei Bedarf kann man sich diese mit der Post schicken lassen. **Fadenwürmer** (Nematoden) beispielsweise werden mit dem Gießwasser ausgebracht und wandern in den Darm der Larven des Dickmaulrüsslers, die daraufhin verenden.

Auch **Raubmilben** als natürliche Feinde von Spinnmilben und **Schlupfwespen** gegen Läuse und Raupen haben sich bewährt.

Biologische Pflanzenschutzmittel

Durch das Einweichen von Pflanzenmaterial in kaltem Wasser oder das Aufgießen mit Heißwasser können Stoffe extrahiert werden, die hemmend auf Mikroorganismen wirken können – ein Prinzip, das in Form von medizinischen Tees auch erfolgreich beim Menschen eingesetzt wird. Warum also soll es bei Pflanzen nicht wirken? So wurden beispielsweise erfolgreich Extrakte aus Knoblauch gegen Mehltau, Farnkraut gegen Rost und Mehltau sowie Brennnessel gegen Blattläuse eingesetzt. Schmierseifenlauge kann ebenfalls gegen Läuse verwendet werden. Neben den vielen Hausmitteln, die nicht käuflich erwerbbar sind und nur selbst im eigenen Hausgarten hergestellt werden können, werden biologische Pflanzenschutzpräparate mittlerweile auch auf dem Markt angeboten. Dazu gehören wie die bereits beschriebenen käuflichen Nützlinge auch Lockfallen mit Duftstoffen gegen fliegende Insekten, Öle gegen Blattläuse, Pflanzenextrakte gegen Pilze und etliche Pflanzenstärkungsmittel.

Allgemeine Krankheiten und Schädlinge

GRAUSCHIMMEL *(Botrytis cinerea)*

ENTWICKLUNG UND SCHADBILD Schwächepilz, der vorwiegend totes und krankes Gewebe infiziert. Typischer, mausgrauer Pilzsporenrasen.

MASSNAHMEN Kranke Pflanzenteile entfernen. Durch weite Pflanzabstände und regelmäßigen Schnitt für einen luftigen Bestand sorgen.

SPINNMILBEN *(Tetranychus urticae, Neotetranychus rubi)*

Die feinen Gespinste der Spinnmilbe

ENTWICKLUNG UND SCHADBILD Besonders bei warmer, trockener Witterung auftretend. Feine Gespinste, meist auf der geschützten Blattunterseite, sowie winzige gelbe Punkte (Saugstellen) an den Blättern.

MASSNAHMEN Abgefallenes Laub entfernen (Winterquartier). Nützlinge ausbringen.

VÖGEL

SCHADBILD Angehackte Beeren sowie Ertragsminderung.

MASSNAHMEN Engmaschiges Netz über die Pflanzen legen oder einen Netzkäfig bauen.

WILDVERBISS

Von Hasen abgenagte Jungtriebe

SCHADBILD Abgnagte junge, saftige Triebe.

MASSNAHMEN Einzäunen des Gartens. Abgeschnittene Menschenhaare an die Sträucher binden, das Wild meidet den Geruch.

Erdbeere

WURZEL- UND RHIZOMFÄULEN
(Phytophthora sp.)

ENTWICKLUNG UND SCHADBILD Welkeerscheinungen und Kümmerwuchs. Außerdem rötliche bis bräunliche Verfärbungen im Wurzel- und Rhizombereich.

MASSNAHMEN Nicht behandelbar. Vorbeugende Maßnahmen: Keine Neupflanzungen auf Flächen auf denen bereits kranke Erdbeeren gepflanzt waren. Staunässe vermeiden. Auf einwandfreies Pflanzmaterial achten.

BLATTFLECKEN

Rotfleckenkrankheit

ENTWICKLUNG UND SCHADBILD Flecken, die zu einer Verminderung der Assimilationsfläche der Pflanze und damit zu einer verringerten Photosyntheseleistung führen. Geringes Schädigungspotential. Rotfleckenkrankheit *(Diplocarpon earliana)*: Violette bis braune Flecken an Blättern, Fruchtstielen und Kelchblättern. Weißfleckenkrankheit *(Mycosphaerella fragariae)*: Weiße, wenige Millimeter große Flecken, die von einem rötlich-braunen Hof umgeben sind und fallweise zum Absterben ganzer Blätter führen können. Schwarzfleckenkrankheit *(Colletotrichum acutatum)*: Schwarze, runde Flecken an den Blättern. Dunkle, eingesunkene Stellen an den Früchten. Eckige Blattflecken *(Xanthomonas fragariae)*: Von den Blattadern begrenzte, schwarze Flecken.

MASSNAHMEN Bei der Rot- und Weißfleckenkrankheit Abmähen des Laubes nach der Ernte, ansonsten kranke Pflanzen bei starkem Befall entfernen.

ERDBEERBLÜTENSTECHER
(Anthonomus rubi)

Abgeknickter Stiel durch den Erdbeerblütenstecher

ENTWICKLUNG UND SCHADBILD Der Käfer legt Eier einzeln in die Blüten ab und sticht deren Stiele an, sodass diese abknicken und vertrocknen. Die Larven fressen an den Knospen. Tritt vor allem in Waldnähe und auch an Himbeeren auf. Schaden meist gering.

MASSNAHMEN Knospen mit abgeknickten Stielen entfernen.

DICKMAULRÜSSLER *(Otiorhynchus* sp.)

ENTWICKLUNG UND SCHADBILD Welken und Absterben der Pflanzen durch Larvenfraß an Wurzeln und Rhizomteilen.

MASSNAHMEN Parasitierende Fadenwürmer (Nematoden) mit dem Gießwasser ausbringen.

ROTE WEGSCHNECKE *(Arion rufus)*

ENTWICKLUNG UND SCHADBILD Massenhafte Vermehrung vor allem bei feuchtem Wetter und schweren Böden. Fraßstellen und silbrig glänzende Schleimspuren.

MASSNAHMEN Da Schnecken trockenheits- und hitzeempfindlich sind, sind Maßnahmen zu treffen um den Tieren möglichst wenig Unterschlupf zu bieten.

Himbeere

WURZELFÄULE
(Phytophthora fragariae var. rubi)

ENTWICKLUNG UND SCHADBILD Rasches Welken und Absterben von ganzen Pflanzen, wobei Jungpflanzen und -ruten zuerst Symptome aufweisen. Die Wurzeln sind faulig.

MASSNAHMEN Staunasse, verdichtete Böden meiden. Resistente Sorten pflanzen.

RUTENKRANKHEIT
(Didymella applanata)

ENTWICKLUNG UND SCHADBILD Zuerst bräunlich bis violette Läsionen, die sich ausweiten und zum Absterben der Ruten führen können. Bei Sommerhimbeeren erhebliche Schäden möglich.

MASSNAHMEN Verletzungen der Ruten vermeiden. Kranke, beschädigte, abgeerntete und zu dicht stehende Ruten entfernen.

ERDBEERBLÜTENSTECHER
(Anthonomus rubi)

ENTWICKLUNG UND SCHADBILD Der Käfer legt je ein Ei pro Blüte ab und sticht deren Stiele an, sodass diese abknicken und vertrocknen. Tritt in der Nähe von Wald und Erdbeerpflanzungen häufiger auf.

MASSNAHMEN Knospen mit abgeknickten Stielen entfernen.

Brombeere

RANKENKRANKHEIT
(Rhabdospora ramealis)

ENTWICKLUNG UND SCHADBILD Infiziert im Frühjahr die jungen, weichen, unverholzten Ranken. Symptome oft erst Monate später als dunkle kleine Flecken, die größer und rötlich bis braun werden können. Die Blätter und Fruchtanlagen befallener Ranken sterben ab und vertrocknen.

MASSNAHMEN Befallene Ruten gänzlich entfernen.

FALSCHER MEHLTAU
(Peronospora sparsa)

Falscher Mehltau an Brombeerblättern

ENTWICKLUNG UND SCHADBILD Infizierte Früchte werden braun, schrumpfen, vertrocknen und bleiben an der Pflanze hängen.

MASSNAHMEN Stark befallene Pflanzen vollkommen entfernen, ansonsten reicht ein rasches Ausschneiden von infizierten Einzelruten.

BROMBEERMILBE *(Acalitus essegi)*

ENTWICKLUNG UND SCHADBILD Die Milben saugen an den sich entwickelnden Früchten, was dazu führt, dass einzelne Steinfrüchtchen nicht ausreifen und rötlich, hart und sauer bleiben.

MASSNAHMEN Früh reifende Sorten werden weniger stark befallen. Meist durch natürliche Gegenspieler in Zaum gehalten.

Johannisbeere und Josta

AMERIKANISCHER STACHELBEER-MEHLTAU *(Sphaerotheca mors-uvae)*

ENTWICKLUNG UND SCHADBILD Mehlig weißer Belag zuerst an der Blattunterseite, später auch auf der Blattoberseite und den jungen Trieben. Befallene Pflanzenteile verkrümmen sich und wachsen kümmerlich. Befällt auch Schwarze Johannisbeeren.

MASSNAHMEN Befallene Blätter und Triebe entfernen.

ANTHRAKNOSE *(Colletotrichum sp.)*

ENTWICKLUNG UND SCHADBILD Zur Reifezeit werden Einzelbeeren glasig bis milchig trüb, schrumpfen, fallen in der Regel aber nicht ab, sondern bilden Fruchtmumien.

MASSNAHMEN Konsequentes Entfernen von krankem, alten Holz, sowie den mumifizierten Früchten mit den Traubenstielen.

SÄULCHENROST *(Cronartium ribicola)*

ENTWICKLUNG UND SCHADBILD Benötigt zur Entwicklung einen Hauptwirt (Johannisbeere) und einen Zwischenwirt (5-nadelige Kiefern-Arten). Die Blätter werden im Sommer von Sporen, die an der Kiefer gebildet werden, infiziert. Blattunterseits massenhaft rostbraune Sporenlager.

MASSNAHMEN Wenn möglich, bei Neupflanzungen auf Kiefern verzichten.

ROTPUSTELKRANKHEIT *(Nectria cinnabarina)*

ENTWICKLUNG UND SCHADBILD Anfangs welken die Blätter, später sterben ganze Zweige. An der Rinde orangefarbene, pustelartige Sporenlager.

MASSNAHMEN Verletzungen vermeiden. Befallenes Holz zur Gänze am Boden abschneiden und entfernen.

JOHANNISBEERGLASFLÜGLER *(Synanthedon tipuliformis)*

ENTWICKLUNG UND SCHADBILD Falter überwintert als Raupe im Mark der Triebe. Nach Verpuppung und Schlupf erfolgt die Eiablage im Frühjahr an die Rinde. Die Raupen bohren sich ins Holz und minieren längs der Triebe, wo sie wieder überwintern. Bei starkem Befall vertrocknen Astpartien noch vor dem Winter. Befallene, hohle Triebe brechen leicht bei Schneelast oder durch die Biegeprobe mit der Hand.

MASSNAHMEN Befallsverdächtige Triebe gänzlich entfernen.

JOHANNISBEERGALLMILBE *(Cecidophyopsis ribis)*

Rundknospen, verursacht durch Johannisbeergallmilben

ENTWICKLUNG UND SCHADBILD Die winzigen Milben wandern im Sommer von den Trieben und Blättern in die sich entwickelnden Knospen. Befallene Knospen schwellen

(Rundknospenkrankheit) und treiben im Frühjahr schlecht aus. Damit teilweise verkahlte Triebe. Blätter durch Saugtätigkeit missgebildet. Manchmal vorzeitiger Blattfall. Vor allem an Schwarzen Johannisbeeren.

MASSNAHMEN Rundknospen ausbrechen oder ganze Triebe entfernen.

VERRIESELN

ENTWICKLUNG UND SCHADBILD Physiologisch bedingte Krankheit. Trauben werden durch das Abfallen einzelner Beeren lückenhaft – sie »rieseln aus«. Mögliche Ursachen sind eine schlechte Bestäubung, Ungleichgewichte in der Wasser- und Nährstoffversorgung, sowie ein gestörtes Verhältnis zwischen dem Triebwachstum und Fruchtansatz. Besonders bei Schwarzen Johannisbeeren.

MASSNAHMEN Auf eine ausgewogene Wasser- und Nährstoffversorgung achten und Stressbedingungen meiden. Regelmäßiger Schnitt.

Stachelbeere

Durch die nahe Verwandtschaft von Johannisbeeren und Stachelbeeren treten viele Schaderreger an beiden Arten auf.

AMERIKANISCHER STACHELBEER-MEHLTAU *(Sphaerotheca mors uvae)*

ENTWICKLUNG UND SCHADBILD Mehlig weißer Belag an Blättern, jungen Trieben und Früchten. Der Belag lässt sich mit den Fingern abreiben.

MASSNAHMEN Befallene Triebe entfernen.

Heidelbeere

ANTHRAKNOSE *(Colletotrichum sp.)*

ENTWICKLUNG UND SCHADBILD Überwintert an totem und altem Holz. An den Blättern braune, runde Flecken. Auffällige lachsfarbene Pusteln auf den Früchten. Die Beerenhaut zerreißt stellenweise bereits bei leichter Berührung.

MASSNAHMEN Konsequentes Entfernen von vergreisten, kranken und abgestorbenen Trieben. Pflanzen stark auslichten.

MONILINIA-TRIEBWELKE, »MUMMY BERRY«-KRANKHEIT *(Monilinia vaccinii-corymbosi)*

Rosafarbene, geschrumpfte »Mummy Berry«-Früchte

Monilinia-Triebwelke

ENTWICKLUNG UND SCHADBILD Erreger überwintert in mumifizierten Früchten und infiziert die jungen Austriebe. Befallene Triebe welken, die Blätter verbräunen und sterben ab. Fruchtinfektion bereits zur Blütezeit über die Narbe. Befallene, pinkfarbene Beeren schrumpfen und fallen zu Boden (mummy berries).

MASSNAHMEN Entfernen oder überdecken der Fruchtmumien im Herbst. Befallene welke Austriebe rasch entfernen, um Blüteninfektion zu vermeiden.

GODRONIA-TRIEBSTERBEN *(Fusicoccum putrefaciens* bzw. *Godronia cassandrae)*

ENTWICKLUNG UND SCHADBILD Infektion im Herbst über Blattnarben und Wunden am Trieb. Einzelne Triebe mit welken, braunen Blättern, die großteils nicht abfallen.

MASSNAHMEN Befallene Triebe gänzlich entfernen.

WURZELKROPF
(Agrobacterium tumefaciens)

Braune Tumore – verursacht durch den Wurzelkropf

ENTWICKLUNG UND SCHADBILD Bodenbakterium dringt über Verletzungen in der Nähe der Bodenoberfläche in die Pflanze ein. Bildung brauner Tumoren.

MASSNAHMEN Verletzungen vermeiden. Feuchte, staunasse, kühle Standorte meiden. Befallene Triebe gänzlich entfernen.

RINGFLECKENKRANKHEIT
(Red Ringspot Virus)

Ringfleckenkrankheit – eine Viruserkrankung

ENTWICKLUNG UND SCHADBILD An einjährigen Trieben kleine, rote Ringe. Blattoberseits rote Flecken. Früchte mit hellen Flecken und rötlichem Rand.

MASSNAHMEN Befallene Sträucher mit dem Wurzelstock entfernen.

FROSTSPANNER *(Operophthera brumata)*

Der grüne Frostspanner ist gut getarnt und oft nur durch Gespinste erkennbar.

ENTWICKLUNG UND SCHADBILD Die grünen Jungraupen fressen an den austreibenden Knospen und höhlen diese teilweise aus. Feine Gespinste, Kotkrümel, angefressene Blätter und nicht austreibende Knospen weisen auf einen Befall hin.

MASSNAHMEN Singvögel können diesen Schädling in Zaum halten. Befallene Knospen mit Raupe(n) entfernen.

TRIEBSPITZENGALLMÜCKE
(Contarina vaccinii)

ENTWICKLUNG UND SCHADBILD Die Larven fressen an den Triebspitzen, welche verkrüppeln, vertrocknen und schwarz werden. Fördert damit eigentlich nur die erwünschte Verzweigung von Jungschossen.

MASSNAHMEN Befallene Triebspitzen entfernen.

HEIDELBEERROST
(Pucciniastrum vaccinii)

ENTWICKLUNG UND SCHADBILD Benötigt zur Entwicklung einen Hauptwirt (Heidelbeere) und einen Zwischenwirt (Hemlock-Tanne). Blätter werden im Frühjahr von Sporen, die sich auf der Hemlock-Tanne bilden, infiziert. An Blättern kleine gelbliche, dann braune Blattflecken. Blattunterseits orange Sporenlager. Vorzeitiger Blattfall möglich.

MASSNAHMEN Wenn möglich, bei Neupflanzungen auf Hemlock-Tannen verzichten.

DICKMAULRÜSSLER *(Otiorhynchus* sp.)

ENTWICKLUNG UND SCHADBILD Käfer überwintert meist als Puppe und legt im Frühjahr die Eier in den Boden ab. Blattrandfraß, bei dem die Blätter buchtig angefressen sind. Schädigung vor allem durch Larven, welche die Feinwurzeln abfressen.

MASSNAHMEN Parasitierende Fadenwürmer (Nematoden) mit dem Gießwasser ausbringen.

Cranberry

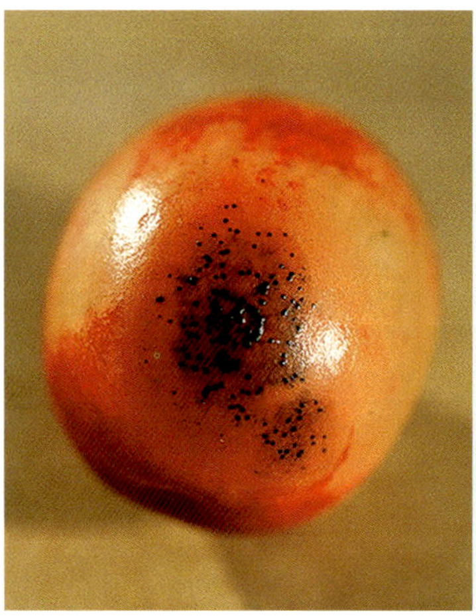

Cranberry-Fruchtfäule

Die Cranberry als relativ junge Obstart in Europa ist derzeit von Schädlingen noch weitgehend verschont. Nur Fruchtfäulen können gelegentlich auftreten, wobei sich eingesunkene weiche Stellen bilden, die sich hell verfärben. Teilweise schrumpfen ganze Beeren. Das Entfernen befallener Früchte vermindert das Infektionspotential.

Holunder

FRUCHTFÄULE *(Colletotrichum* sp.)

ENTWICKLUNG UND SCHADBILD Überwintert auf alten und abgestorbenen Pflanzenteilen. Befallene Früchte vorerst symptomlos, erst kurz vor der Reife welken und vertrocknen sie.

MASSNAHMEN Befallene Dolden, sowie Totholz konsequent entfernen.

HOLUNDERBLATTLAUS *(Aphis sambuci)*

Schwarze Holunderblattlaus

ENTWICKLUNG UND SCHADBILD Schwarze Blattlaus in Kolonien, besonders an jungen, frischen, saftigen Neutrieben. Deformationen durch Saugtätigkeit.

MASSNAHMEN Kleine Befallsherde mit einem Tuch von den Trieben wischen.

WÜHLMAUS *(Arvicola terrestris)*

ENTWICKLUNG UND SCHADBILD Der braunschwarze Nager lebt unterirdisch und frisst bevorzugt an frischen, saftigen Wurzeln von Baumobst.

MASSNAHMEN Hohes Gras oder sehr dicke, lockere Mulchschichten fördern das Auftreten von Wühlmäusen. Vor der Pflanzung feinmaschiges Gitter in die Pflanzgrube legen. Wühlmausgänge mit Walnussblättern, Thujenzweigen oder Menschenhaare spicken (störende, intensive Düfte).

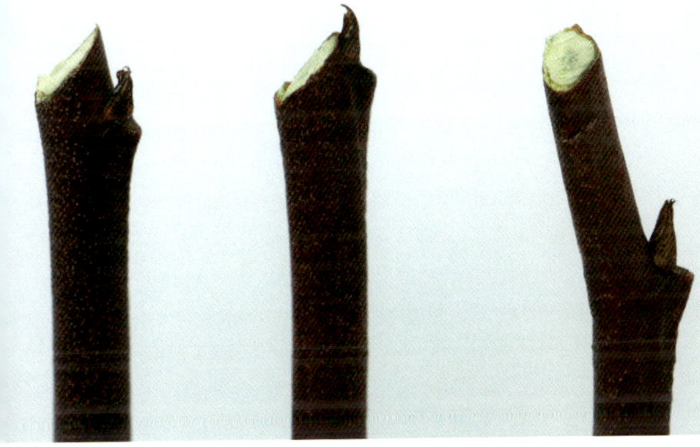

Beeren selbst vermehren

Stecklinge und Steckholz müssen richtig geschnitten werden. links: richtig; Mitte: zu kurz; rechts: zu lang

> **»Wollte, Gott hätte mich zum Gärtner oder zum Laboranten gemacht, ich könnte glücklich sein.«**
> (Johann Wolfgang von Goethe, deutscher Schriftsteller)

Personen mit einem »grünen Daumen«, die Freude an der Gartenarbeit haben, packt irgendwann vielleicht auch das Verlangen und den Ehrgeiz, ihre Beerensträucher selbst zu vermehren. Dabei sollten nur gesunde, kräftige Mutterpflanzen, die frei von Schädlingen und Krankheiten sind, verwendet werden. Die Auswahl der Methoden für den Hausgarten hängt von der jeweiligen Beerenobstart ab und ist in der Tabelle aufgelistet und nachfolgend beschrieben.

Grünstecklinge

Die Vermehrung durch belaubte Stecklinge in den Sommermonaten wird nicht nur in Baumschulen häufig praktiziert, sondern ist auch für den Kleingärtner eine beliebte und einfache Methode. Dabei schneidet man kräftige einjährige Triebe in ca. 5 bis 15 cm lange Stücke.

Vermehrungsmethoden für Beeren auf einen Blick

	Teilung	Ausläufer	Absenker	Stecklinge, Steckholz	Wurzelschnittlinge
Erdbeere		X			
Himbeere	X				X
Brombeere			X		X
Johannisbeere	X		X	X	
Stachelbeere			X	X	
Heidelbeere			X		
Cranberry		X		X	
Holunder				X	
Preiselbeere	X	X		X	

Vermehrung durch Grünstecklinge bzw. Steckholz

Die unteren Blätter werden entfernt und der Steckling fast zur Gänze in ein lockeres, den Bedürfnissen der jeweiligen Beerenart entsprechendes Substrat gesteckt, das in Töpfe oder Kisten gefüllt sein kann. Danach gießt man die Stecklinge kräftig an und deckt sie mit einer lichtdurchlässigen Folie ab, um eine höhere Luftfeuchtigkeit (»gespannte Luft«) zu erzeugen und die Verdunstung zu mindern. An sehr heißen und sonnigen Tagen sollte die Folie jedoch gelüftet oder die Pflanzen beschattet werden.

Abgestorbene Blätter müssen laufend entfernt werden, da sie schimmeln können und damit die gesunden Pflanzenteile gefährden. Wenn die Stecklinge nach mehreren Wochen Wurzeln gebildet haben, kann man die Jungpflanzen umtopfen.

Johannisbeeren, Stachelbeeren, Cranberries, Preiselbeeren und Holunder können durch Grünstecklinge vermehrt werden.

TIPP **Bei Stecklingen und Steckhölzern sollte die obere Knospe ein paar Millimeter unter der Schnittfläche liegen, ohne dass ein langer Stummel verbleibt. Wird allerdings zu nahe an der Blattanlage abgeschnitten, kann die Knospe vertrocknen. Dasselbe gilt auch für Schnittmaßnahmen generell.**

Steckholz

Steckhölzer sind prinzipiell unbelaubte Grünstecklinge. Dabei werden im Spätherbst einjährige, mindestens bleistiftstarke Triebe geschnitten und über den Winter in Plastiktüten kühl, aber frostfrei und vor Austrocknung geschützt gelagert. Im Frühjahr (ab März) schneidet man die Steckhölzer in etwa 5 bis 15 cm lange Stücke, steckt sie in ein passendes Substrat und kultiviert sie gleich wie bei den Grünstecklingen weiter. Johannisbeeren, Stachelbeeren und Holunder werden meist durch Steckholz vermehrt.

TIPP **Die Qualität des Steckholzes kann man mit dem Biegetest feststellen: Bricht das Holz oder zeigt es starken Widerstand, dann ist es brauchbar. Lässt es sich sehr leicht biegen oder knickt es, so sind die Triebe zu schwach und unausgereift.**

Absenker

Eine weitere beliebte und vielversprechende Vermehrungsmethode für den Hobbygärtner ist die durch Absenker. Sie ist für Johannisbeeren, Stachelbeeren, Heidelbeeren und auch Brombeeren besonders geeignet. Dabei werden während der

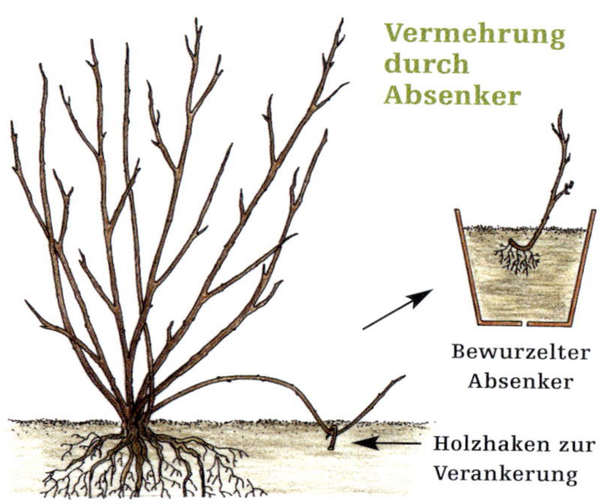

Vermehrung durch Absenker

Vegetationsperiode junge Triebe zu Boden gelegt, die Rinde an einer Stelle auf der Unterseite mit einem Messer leicht verletzt und dort mit Erde bedeckt, wobei die Triebspitze noch herausragt. Gegebenenfalls müssen starre Triebe mit einem Holzhaken im Boden verankert werden. Wenn sich ausreichend Wurzeln gebildet haben, kann man die Jungpflanze vom Mutterstrauch trennen. Die Bewurzelungsrate ist dabei sehr hoch, die Ausbeute an Jungpflanzen ist allerdings gering.

Teilung

Johannisbeeren und die unterirdischen Ausläufer der Himbeere, Walderdbeere sowie Preiselbeere können jederzeit durch Teilung vermehrt werden. Dabei nimmt man zwei Grabgabeln Rücken an Rücken und sticht sie in die Mitte des Wurzelstocks der ausgegrabenen Pflanze. Durch Auseinanderdrücken der beiden Grabgabeln wird der Strauch geteilt. Besonders dichte Wurzelballen müssen mit dem Spaten getrennt werden. Himbeeren und Wiesenerdbeeren kann man wegen ihres lockeren Wurzelwerks auch mit den bloßen Händen teilen. Es ist darauf zu achten, dass vor allem in belaubtem Zustand der Pflanzen die Erde großteils an den Wurzeln verbleibt. Durch die Teilung von Johannisbeeren erhält man Pflanzen, deren Kronenform zwangsweise gestört (einseitig) ist, was man durch einen stärkeren Rückschnitt wieder ausgleichen kann. Wie bei den Absenkern ist die Bewurzelungsrate sehr hoch, die Ausbeute an Jungpflanzen allerdings gering.

Vermehrung durch Teilung

Vermehrung durch oberirdische Ausläufer

Vermehrung durch unterirdische Ausläufer

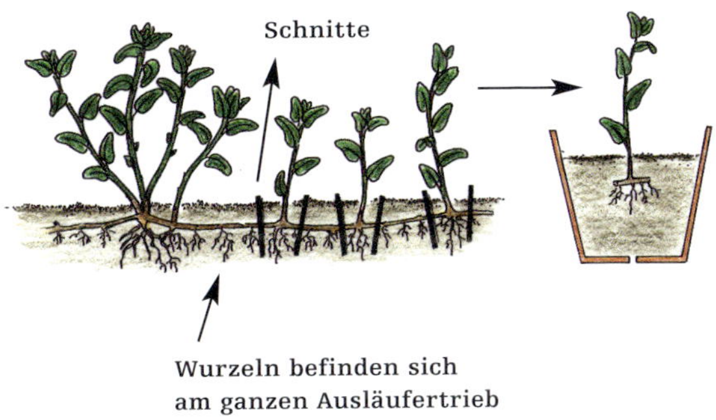

Ausläufer

Hier unterscheidet man zwischen oberirdischen und unterirdischen Ausläufern, wobei die Vermehrung der Pflanzen mit unterirdischen Ausläufern prinzipiell einer Teilung entspricht.

ANANAS-ERDBEEREN bilden im Frühjahr oberirdische Ausläufer (Stolonen), die man von der Mutterpflanze abtrennt, eintopft und im nächsten Jahr als neues Pflanzmaterial verwenden kann.

Stolonen bei Erdbeeren

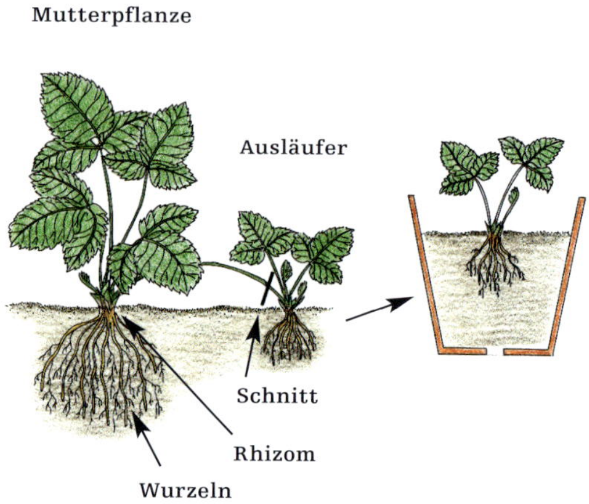

Vermehrung durch Wurzelschnitte

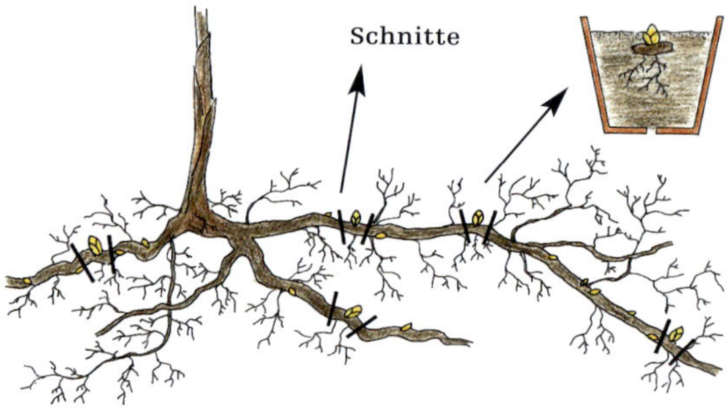

CRANBERRIES bilden ebenfalls oberirdische Ausläufer die von selbst an den Stellen bewurzeln, an denen sie am Boden aufliegen. Solche Triebe kann man mit der Gartenschere abschneiden und in Töpfe oder gleich auf die zu bepflanzende Fläche setzen.

PREISELBEEREN ODER WALDERDBEEREN bilden unterirdische Ausläufer, die man wie bei der Teilung beschrieben in Einzelpflanzen trennen kann.

Wurzelschnittlinge

Die Vermehrung durch Wurzelschnittlinge entspricht prinzipiell einer Teilung von Pflanzen mit unterirdischen Ausläufern und wird bei Himbeeren und Brombeeren praktiziert. Hier sind allerdings noch keine Triebe vorhanden, die man teilen kann, sondern nur Knospen an den Wurzeln. Im ausgehenden Winter bis ins Frühjahr – also zum Beginn der Vegetationsperiode – werden mit einer Grabgabel alte Himbeer- oder Brombeerstöcke aus der Erde gehoben und die Ausläufer mit einer Gartenschere in kleine Stücke mit je einer Knospe geteilt. Diese setzt man dann etwa zwei bis drei cm tief in Töpfe oder Kisten, gießt sie kräftig an und lässt sie über den Sommer anwachsen. Aus den »Augen« der Schnittlinge treibt dann bis in den Herbst eine Vielzahl an Jungpflanzen.

Spezielle Vermehrungsarten

Neben den zuvor beschriebenen Methoden gibt es weitere Möglichkeiten zur Vermehrung, die im Hausgarten allerdings nur selten praktiziert werden oder schlichtweg ungeeignet sind.

VEREDELUNG Bei der Veredelung werden ganze Pflanzenteile (Edelaugen oder Reiser) mit einer Veredelungsunterlage dauerhaft verbunden. Diese Art der Vermehrung ist im Kernobstbau üblich, kann aber auch bei Beerensträuchern angewandt werden. Zur Herstellung von Stachelbeer- und Johannisbeerhochstämmen wird auf eine Unterlage in Bodennähe die Goldjohannisbeere *(Ribes aureum)* veredelt, die später das Stämmchen bildet. Sobald das Stämmchen die gewünschte Höhe erreicht hat wird darauf die Edelsorte veredelt. Auch Holunder wird gelegentlich durch Veredelung vermehrt.

AUSSAAT Von der Vermehrung durch Aussaat von Samen ist generell abzuraten, da die Nachkommen sehr unterschiedlich sind und meist weniger gute Eigenschaften als die Mutterpflanze haben. Für die Aussaat eignet sich nur die Kapstachelbeere.

Beeren im Topf und am Balkon

Selbst wer nur einen kleinen Garten oder gar nur einen Balkon besitzt muss nicht auf Beeren verzichten. Pflanzen Sie einfach ihre Sträucher in Töpfe, Tröge oder Kistchen und begrünen Sie damit Ihre Terrasse oder den Balkon. Mit größeren Trögen können sogar kleine Beerenlandschaften gestaltet werden.

AUSWAHL DER GEFÄSSE Die Auswahl der Gefäße erweitert dabei die Möglichkeiten einer schönen Gestaltung. Dabei sollte man als ungefähren Richtwert beachten, dass sich das Wurzelsystem bei den Strauchbeeren in etwa so breit wie der oberirdische Teil der Pflanze entwickelt. Trotzdem gilt: Je größer das Gefäß, desto besser, da es dann am ehesten einer Pflanzung in natürlichen Boden entspricht. Achten Sie deshalb darauf, dass der Topf genügend groß ist und zudem mehrere Drainagelöcher besitzt, um Staunässe zu vermeiden.

SUBSTRATE Das verwendete Substrat muss an die Ansprüche der Beerenarten angepasst werden. Es muss vor allem strukturstabil sein und eine hohe Nährstoff- und Wasserhaltefähigkeit besitzen, ohne staunass zu sein. Denn das regelmäßige Gießen, bei dem im Vergleich zu natürlichem Regen in kurzer Zeit viel Wasser zugeführt wird, lässt das Substrat leicht verschlämmen. Dies betrifft vor allem ton- und lehmhaltige Substrate. Besser geeignet sind humose Kompostsubstrate.

VON GRUND AUF … Am Grund des jeweiligen Gefäßes empfiehlt es sich eine Drainage aus Blähton, Kiesel oder Schotter zu geben, damit die Drainagelöcher nicht verstopfen. Das Substrat soll nach dem Pflanzen nicht eben mit der Gefäßkante abschließen, sondern etwas tiefer – dieser Rand erleichtert das Gießen.

UMTOPFEN Gefäßpflanzungen sollten je nach Größe und Beerenart alle fünf bis acht Jahre umgetopft oder neu gepflanzt werden, die kurzlebigen Ananas-Erdbeeren müssen spätestens nach dem dritten Jahr ersetzt werden. Die *Vaccinium*-Arten Heidelbeere, Cranberry und Preiselbeere werden häufig in Gefäße gepflanzt, weil sie besondere Ansprüche an den Boden stellen. Der Mutterboden kann die geeigneten Bedingungen oft nicht erfüllen, da er zum Beispiel zu kalkreich ist.

TIPP **Substrate von Topfpflanzen neigen auf Grund des fehlenden Kontakts zur Muttererde und durch die stärkere Erwärmung eher zum Austrocknen. Tontöpfe sind dafür anfälliger als dichte Gefäße aus Kunststoff, Beton oder Stein.**

Das richtige Gefäß

Sollen die Gefäßpflanzungen neben dem Früchtesegen auch gestalterische Zwecke erfüllen, dann bietet die Auswahl des Gefäßes bereits eine Vielfalt an Gestaltungsmöglichkeiten. Grundsätzlich mussen jedoch die Bedürfnisse der Pflanzen im Vordergrund stehen und dürfen nicht den gestalterischen Wünschen zum Opfer fallen. Letztendlich ist es auch eine Frage des Preises, welches Gefäß verwendet wird.

STEIN Gefäße aus Stein sind teuer und vor allem schwer von Ort zu Ort zu transportieren. Sie sollten deshalb gezielt im Garten platziert werden und Pflanzungen beinhalten, die das gesamte Jahr attraktiv sind. Steingefäße bestechen durch ihre Natürlichkeit, Langlebigkeit und Zeitlosigkeit.

BETON Billigere Alternativen zu Steingut sind verschiedene Imitationen aus Beton, die trotzdem einen natürlichen Charakter vermitteln können. Außerdem sind Betongefäße durch die vergleichsweise einfache Herstellung in unterschiedlichsten Formen und Verzierungen erhältlich. Auch sie sind langlebig und schwer zu transportieren.

HOLZ Gefäße aus Holz wirken ebenfalls sehr natürlich und sind auf Grund der leichten Bearbeitbarkeit auch selbst einfach und individuell herstellbar. Außerdem ist Holz sehr billig und leicht erhältlich. Zu beachten ist, dass durch den Kontakt mit Erde und Wasser und die damit herrschende wechselnde Feuchte die Langlebigkeit des Gefäßes stark reduziert sein kann. Lärchenholz ist dabei wesentlich strapazierfähiger als beispielsweise Fichten- oder Birkenholz. Folieneinlagen können die Haltbarkeit wesentlich erhöhen, viele gekaufte Gefäße sind mit einem Schutzanstrich beschichtet oder imprägniert. Man kann die Holzgefäße auch lediglich als Übertöpfe verwenden, um den direkten Kontakt zum feuchten Substrat zu verhindern.

KUNSTSTOFF Gefäße aus Kunststoff werden am häufigsten verwendet, da sie vor allem billig, robust und in verschiedensten gestalterischen Ausführungen erhältlich sind.

KERAMIK, TERRAKOTTA & TON Gefäße aus Keramik, Terrakotta oder Ton vermitteln ein südländisches Flair. Sie sind meist teuer und auch leichter zerbrechlich.

METALL Metallgefäße sind ebenfalls für Beerenpflanzungen geeignet. Zu beachten ist, dass durch den Kontakt mit dem Substrat, sowie durch Wurzelausscheidungen eventuell Stoffe aus dem Metall gelöst werden können, die pflanzenschädlich sein können.

Oft findet man in Gärten zweckentfremdete Gefäße wie große Messingtöpfe, Brunnentröge, Futtertröge, Fässer etc., die als Pflanzgefäß Verwendung finden. Dem Einfallsreichtum sind keine Grenzen gesetzt!

Die richtigen Pflanzen

Die Vielfalt an Beerenarten mit ihren unterschiedlichen Erscheinungsformen ermöglicht umfassende Gestaltungsmöglichkeiten. Befestigt man am oder im Gefäß ein Stützgerüst, dann sind selbst Brombeeren oder Himbeeren für Pflanzungen in Trögen geeignet und können als lockerer Sichtschutz oder zur Raumgliederung verwendet werden.

SOLITÄRPFLANZEN ❧ sollten das ganze Jahr über attraktiv wirken. Dazu eignet sich zum Beispiel die Heidelbeere, die im Frühjahr durch Blüten, im Sommer durch die Früchte und danach mit leuchtend roter Herbstfärbung bezaubert.

IN GRÖSSEREN GEFÄSSEN ❧ kann man einfach mehrere Beerenarten kombinieren, bevorzugt mit unterschiedlicher Wuchshöhe. Durch die Kombination von verschiedenen Beerenarten in separaten Töpfen als Gruppe kann eine ähnliche Wirkung erzielt werden.

BALKONKISTCHEN ❧ Selbst Balkonkistchen können bepflanzt werden – die Ausläufer von Cranberries oder Erdbeeren bieten dabei durch den hängenden Wuchs ein attraktives Bild.

FORMALE GESTALTUNG ❧ In formal gestalteten Gärten können in der Reihe aufgestellte Topfpflanzen Wege säumen oder den Eingangsbereich hervorheben. Besonders gut eignet sich dabei sogenanntes Formobst, dass durch regelmäßigen Schnitt und Erziehungsmaßnahmen in Form gebracht wurde. Auch Hochstämme von beispielsweise Stachelbeeren werden dafür gerne verwendet.

Mobilität in Gefäßen

Die Mobilität der Gefäßpflanzungen ermöglicht es, dass man die Sträucher zum Beispiel während der Blüte oder Ernte »ins Blickfeld rückt«, während man sie den Rest des Jahres an weniger beachtete Stellen des Gartens stellt. Zudem kann man die Töpfe an markanten Stellen platzieren und sie so als Solitärpflanze zur Geltung kommen lassen. Größere versiegelte Flächen wie Terrassen können optisch gegliedert und begrünt werden. Kleinere Töpfe können an der Seite von breiteren Treppen platziert werden ohne zu behindern.

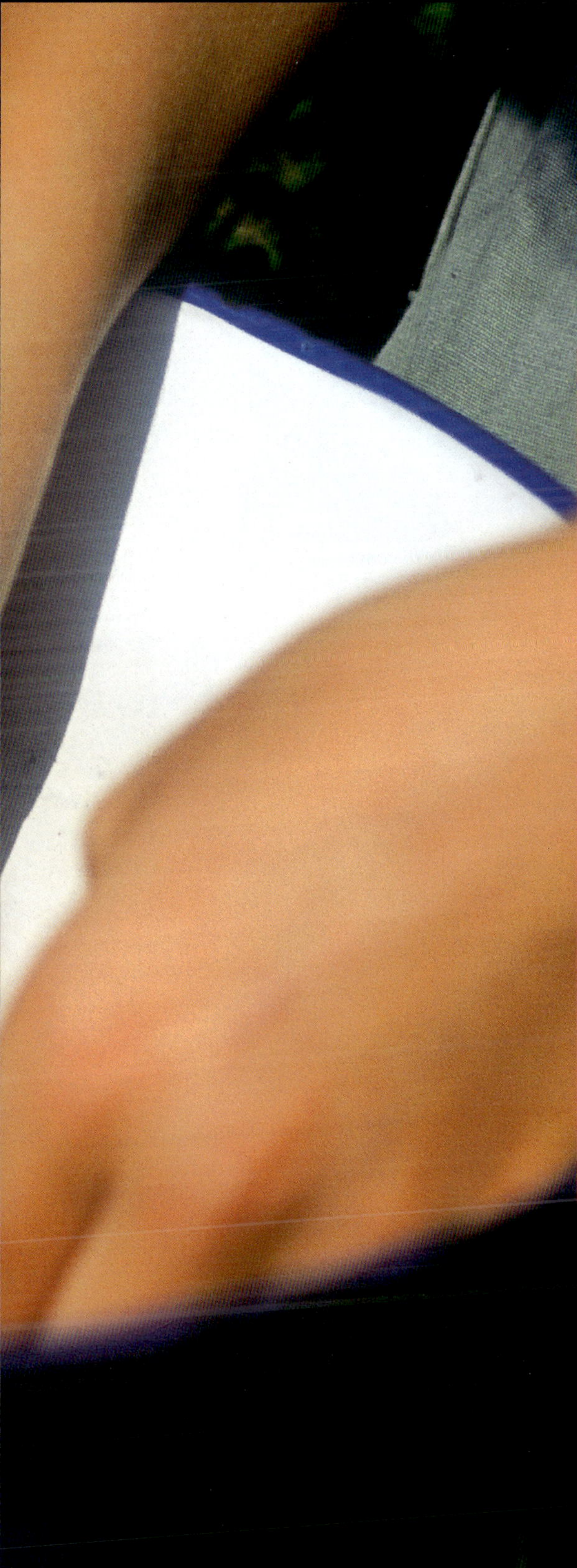

Gesund und fit mit Beeren

»Deine Nahrung soll deine Medizin sein und deine Medizin soll deine Nahrung sein.« Treffender hätte es der griechische Arzt Hippokrates (ca. 460–377 v. Chr.) nicht formulieren können und treffender könnte es für Beeren nicht gelten, vereinen sie doch Geschmack und gesundheitliche Wirkung in vorzüglicher Weise. Die kalorienarmen, ballaststoffreichen Früchte sind bekömmlich, wirken erfrischend und enthalten wichtige Vitamine, Mineralstoffe und vor allem bioaktive Naturstoffe.

Vitamine

Vitamine haben keinen Nährstoffcharakter, werden aber für die meisten Stoffwechselvorgänge benötigt – sie sind also essentiell. Sie können außerdem von unserem Körper nicht selbst aufgebaut werden, weshalb der Bedarf nur durch eine regelmäßige und ausreichende Aufnahme über die Nahrung gedeckt werden kann.

Vitamin A

Die Aufnahme aus pflanzlichen Nahrungsmitteln erfolgt als Provitamin A wie beispielsweise β-Carotin oder Lycopin. Holunder- und Brombeeren sind mit 45 bis 60 µg pro 100 g die Rekordhalter unter den Beeren.

Die Inhaltsstoffe von Beeren und weiteren Früchten je 100 g

Obstart	Wasser g	Eiweiß g	Fett g	Kohlenhydrate g
Erdbeere	89,50	0,82	0,40	5,51
Himbeere	84,50	1,30	0,30	4,81
Brombeere	84,70	1,20	1,00	6,24
Johannisbeere (Rot)	84,70	1,13	0,20	4,78
Johannisbeere (Schwarz)	81,30	1,28	0,22	6,11
Stachelbeere	87,20	0,80	0,15	7,06
Waldheidelbeere	84,60	0,60	0,60	6,05
Kulturheidelbeere	84,80	0,70	0,50	15,30
Cranberry	87,40	0,40	0,70	7,80
Holunder	80,90	2,53	1,70	6,52
Preiselbeere	87,40	0,28	0,53	6,22
Apfel	85,30	0,34	0,58	11,43
Pfirsich	87,50	0,76	0,11	8,89
Walnuss	4,38	14,40	62,50	10,60
Mandel	5,65	18,72	54,10	3,70

Vitamin B

Während unsere Obst- und Gemüsearten vergleichsweise arm an B-Vitaminen sind, kann der Tagesbedarf durch Getreide-, Milch-, Fisch- und Fleischprodukte ganz gut gedeckt werden. Erdbeeren enthalten mit etwa 43 µg pro 100 g verglichen mit anderem Obst relativ viel Folsäure.

Vitamin C (Ascorbinsäure)

Die Schwarze Johannisbeere gilt mit bis zu 300 mg pro 100 g als wahre Vitamin-C-Bombe. Die Erdbeere liegt mit 63 mg pro 100 g gleich an zweiter Stelle. Da heutzutage fast allen Fruchtsäften und vielen Lebensmitteln als Antioxidans Vitamin C zugesetzt ist, wird zumindest in den Industrieländern der Tagesbedarf von etwa 100 mg leicht gedeckt.

Vitamin D

Obst und Gemüse sind arm an Vitamin D, während manche Seefische und fette Milchprodukte gute Vitamin-D-Quellen sind. Der tägliche Bedarf für Erwachsene beträgt etwa 5 µg Vitamin D.

Vitamin E

Beeren enthalten relativ viel von diesem Vitamin. Himbeeren, Brombeeren und Heidelbeeren sind mit etwa 3 bis 4 mg pro 100 g Gesamt-Tocopherol besonders gute Vitamin-E-Spender.

Vitamin K

Der Tagesbedarf eines Erwachsenen von etwa 65 µg kann durch etwa 200 g Rote Johannisbeeren oder 500 g Erdbeeren gedeckt werden.

Kalium mg	Magnesium mg	Kalzium mg	Phosphor mg	Eisen mg	Vitamin C mg	Energie kcal/kJ
161	13,0	21,0	26,0	0,64	63	32/136
200	30,0	40,0	44,0	1,00	25	34/143
190	30,0	44,0	30,0	0,90	17	44/186
257	13,0	29,0	27,0	0,91	36	33/139
303	17,0	46,0	40,0	1,30	177	39/168
201	15,0	29,0	30,0	0,63	35	37/158
78	2,4	10,0	13,0	0,74	22	36/153
89	4,8	6,2	10,3	0,17	22	57/241
90	7,0	14,0	10,0	0,90	11	39/164
305	–	35,0	57,0	–	18	54/229
81	5,5	14,0	9,7	0,50	12	35/148
144	6,0	7,0	12,0	0,48	12	54/288
205	9,0	8,0	23,0	0,48	10	41/175
544	129,0	87,0	409,0	2,50	3	663/2738
835	170,0	252,0	454,0	4,13	–	577/2383

Mineralstoffe

Mineralstoffe übernehmen im Körper wichtige Funktionen im Stoffwechsel und als Bausteine für Zellen und Knochen. Gesunde und ausgewogene Ernährung gewährleistet dabei die ausreichende Versorgung, sodass Ergänzungspräparate in Pillenform nicht notwendig sein sollten.

Eisen (Fe)

Der menschliche Körper braucht Eisen vor allem für das Hämoglobin der roten Blutkörperchen. Zu den eisenreichsten Beeren zählen die Johannisbeere, Brombeere und Himbeere.

Kalium (K)

Da Kalium in nahezu allen unseren Lebensmitteln vorhanden ist, sind Mangelerscheinungen selten. Holunder, Stachelbeere, Johannisbeere und Josta sind unter den Beeren besonders reich an Kalium, während die Heidelbeere, Cranberry und Preiselbeere vergleichsweise wenig enthalten.

Kalzium (Ca)

Der erwachsene menschliche Körper enthält bis zu ein Kilogramm an Kalzium, welches fast zur Gänze in den Knochen und Zähnen zu finden ist. Brombeeren und Himbeeren enthalten vergleichsweise viel Kalzium.

Magnesium (Mg)

Brombeeren und Himbeeren sind wie Getreideprodukte reich an Magnesium, während beispielsweise Cranberries und Heidelbeeren wenig davon enthalten.

Phosphor (P)

Auch Phosphor ist (wie Kalzium) hauptsächlich in den Knochen lokalisiert. Von den Beeren sind Himbeeren und Schwarze Johannisbeeren sehr phosphorreich.

Bioaktive sekundäre Inhaltsstoffe

Obwohl »sekundär« den Beigeschmack des Unwichtigen hat, ist diese Annahme völlig falsch – der Glaube, dass sekundäre Inhaltsstoffe für die Pflanze nur Abfallstoffe darstellen, ist längst überholt und deren Nutzen beispielsweise als Schädlingsabwehr wissenschaftlich bewiesen. Auch der positive Einfluss auf die menschliche Gesundheit ist durch zahlreiche Studien belegt.

Flavonoide und andere Phenole

Der Name Flavonoide leitet sich aus dem lateinischen »flavus« (gelb) ab und bezieht sich auf die Untergruppe der gelben Flavonole. Mit ihren bis dato mehr als 6.400 identifizierten Verbindungen, sind sie wohl die am besten untersuchten sekundären Inhaltsstoffe. Nahezu so groß wie die Vielfalt an Flavonoiden scheint auch die biologische Bedeutung ihrer einzelnen Verbindungen zu sein: Sie wirken pro- und antioxidativ, antikanzerogen, tumorhemmend, antimikrobiell, antiviral, entzündungshemmend, haben östrogene Wirkung, beeinflussen das Immunsystem und können Herz- und Kreislaufkrankheiten vorbeugen. Beeren enthalten besonders viele Anthozyan-Farbstoffe, wobei die Heidelbeere mit einem Gemisch aus bis zu 25 verschiedenen Verbindungen an der Spitze liegt.

Neben den Flavonoiden enthalten Beeren Phenolsäuren: Die für ihre krebshemmende Wirkung bekannte Ellagsäure ist in Brombeeren, Himbeeren und Erdbeeren reich enthalten. Phenolsäuren wirken darüber hinaus antimikrobiell und als Antioxidantien.

Strukturell etwas komplizierter aufgebaut sind die so genannten Gerbstoffe (Tannine), die »zusammenziehend« (adstringierend) schmecken und als Fraßschutz sowie zur Krankheitsabwehr dienen. Man »schmeckt« diese Gerbstoffe beispielsweise, wenn man in einen unreifen Mostobst-Apfel beißt. Der hohe Gerbstoffgehalt in Cranberries und Preiselbeeren ist für ihre wissenschaftlich bestätigte Wirkung gegen Harnwegsinfektionen und Magengeschwüren verantwortlich. Die Tannine verhindern dabei, dass sich die schädlichen Bakterien an den Schleimhäuten festsetzen können. Weiters haben sich gerbstoffreiche Früchte bei Entzündungen im Mund- und Rachenraum bewährt.

Carotinoide

Die als Carotinoide bezeichnete Gruppe der Inhaltsstoffe ist für das Gelb von Maiskörnern oder die rote Färbung von Paprikas und Karotten verantwortlich. Auch die Gelbfärbung der Blätter im Herbst wird von Carotinoiden verursacht.

Carotinoide im Allgemeinen stimulieren das Immunsystem, hemmen Mutationen und die Entwicklung von Tumoren. Holunder- und Brombeeren enthalten am meisten Carotinoide, nämlich bis zu 360 µg pro 100 g, während andere Beeren nur etwa ein Zehntel davon aufweisen.

Ballaststoffe

Als Ballaststoffe werden jene Bestandteile der Ernährung bezeichnet, die der menschliche Körper im Magen-Darm-Trakt nicht abbauen kann. Dazu zählen eine Fülle verschiedener pflanzlicher Substanzen wie Zellulose, der Holzstoff Lignin oder Pektine. Ballaststoffreiche Kost senkt die Wahrscheinlichkeit für Zivilisationskrankheiten wie Übergewicht, Bluthochdruck, verschiedene Krebsarten des Verdauungstrakts, Arterienverkalkung oder Diabetes. Unter den Beeren gehören Johannisbeeren und Stachelbeeren auf Grund ihres hohen Pektingehalts zu den besonders ballaststoffreichen Früchten.

Stachelbeeren sind besonders ballaststoffreich.

Rottöne

Die Farbe der Tomate hat chemisch gesehen mit jener der Erdbeere nichts gemeinsam. Beide sind zwar rot, jedoch verbergen sich völlig verschiedene chemische Verbindungen dahinter. In der Tomate ist es das Carotinoid Lycopin, während die Erdbeere ihre Farbe den Anthozyanen verdankt. Für die Ernährung bedeutet dies wenig, sind doch beide Stoffe gesundheitlich wertvoll.

Der Garten als Hausapotheke

»Der Garten ist die Apotheke des armen Mannes.« (Anonym)

Seit Jahrhunderten werden neben den Früchten auch andere Teile – von der Wurzel bis zum Blatt – als Hausmittel in der Volksmedizin eingesetzt. Die Liste an Wirkungen von Heilpflanzen für den Menschen scheint in Büchern oft unendlich zu sein, obwohl die tatsächliche Wirksamkeit vieler Naturheilmittel wissenschaftlich nicht immer untersucht oder belegt ist. Dies wäre bei der unglaublichen Vielzahl an Einsatzmöglichkeiten aber auch nahezu unmöglich. Entscheidend ist letztendlich aber, dass sie im Bedarfsfall wirken, wenn auch manchmal nur unterstützend zur Schulmedizin.

Tees, Säfte & Co

HEIDELBEEREN Am häufigsten werden wohl getrocknete Blätter der einzelnen Beerenpflanzen für verschiedene Teemischungen verwendet. Heidelbeerblätter werden als Blutzucker senkend beschrieben und als »Diabetiker-Tees« angeboten. Bei Überdosierung oder längerer Anwendung können allerdings Vergiftungserscheinungen auftreten. Getrocknete Heidelbeeren hingegen werden als vorzügliches Hausmittel gegen Durchfallerkrankungen angepriesen oder zur Therapie leichter Entzündungen im Mund- und Rachenraum eingesetzt. Frische Beeren hingegen wirken eher abführend.

JOHANNISBEEREN, ERDBEEREN & HOLUNDER Blattdrogen der gerbstoffreichen Johannisbeere und Erdbeere wirken dabei harntreibend, gegen Gicht, rheumatische Beschwerden und leichten Durchfall. Leber- und Nierenerkrankungen, Entzündungen der Atemwege, Fieber, sowie Blutarmut sollen mit Erdbeerpräparaten unterstützend behandelt werden können.

Holunder hilft bei Rheuma, Migräne, Nervenschmerzen und Fieber, ist schweißtreibend und lindert chronische Entzündungen der Atemwege. Aber Vorsicht: Ungenügend gekochte oder rohe Holunderbeeren können zu Übelkeit und Erbrechen führen.

Wissenschaftlich nachgewiesen wurde die Wirkung von Extrakten der Schwarzen Johannisbeere gegen Herpes- und Grippe-Viren.

HIMBEEREN UND BROMBEEREN Himbeerblätter wirken wie jene der Brombeere auf Grund ihres Gerbstoffgehaltes gegen leichte Durchfallerkrankungen und außerdem bei Grippe, Fieber, Menstruationsbeschwerden, Erkrankungen des Mund- und Rachenraumes sowie des Magen-Darm-Traktes.

Beeren haltbar machen

Seit jeher versuchen die Menschen Lebensmittel zu konservieren, um auch in produktionsärmeren Zeiten Nahrung zur Verfügung zu haben oder überschüssiges Obst aus dem eigenen Garten vor Verderb zu schützen.

DER SOMMER IM GLAS ... Wer auch im Winter auf Beeren nicht verzichten will ohne Importware kaufen zu müssen, der kann sein Obst durch unterschiedliche Methoden konservieren. Packen Sie den Sommer ins Glas und freuen Sie sich an dunklen, eisigen Wintertagen über ihre selbst gemachten Marmeladen und Säfte! Richtig zubereitet enthalten sie noch jede Menge wertvoller Inhaltsstoffe.

GESUNDE ERNÄHRUNG Letztendlich ist es auch das Bedürfnis nach einer abwechslungsreichen und gesunden Ernährung über das ganze Jahr und die Freude am Selbermachen. Gerade Beerenobst, das unverarbeitet bis auf wenige Ausnahmen nur kurz haltbar ist, verlangt geradezu nach Maßnahmen zur Haltbarmachung.

HALTBARKEIT Zur Verlängerung der Haltbarkeit müssen Lebensmittel vor Mikroorganismen geschützt werden, was auf unterschiedliche Weise geschehen kann. Die dazu praktizierten Methoden beruhen im Wesentlichen darauf, dass man die Mikroben entweder abtötet oder sie am Wachstum hindert.

FRISCHES OBST Grundsätzlich sollte nur gesundes, reifes Obst zur Verarbeitung verwendet werden, denn aus schlechtem Ausgangsmaterial kann kein hochwertiges Endprodukt gezaubert werden.

Einfrieren

Wenn man Beeren einfriert, sollte man darauf achten, dass die Früchte wenn möglich trocken sind und einzeln auf einer Platte vorgefrostet werden. Sind die Beeren einmal gefroren, kann man sie in einen Gefrierbeutel umfüllen – sie behalten dann ihre ursprüngliche Form und eignen sich nach dem Auftauen auch noch zum Garnieren. Gerade weiche Früchte wie Himbeeren neigen ansonsten gerne zum Verklumpen und werden beim Auftauen unschön. Der Vorteil des Tieffrierens ist vor allem, dass wertvolle Inhaltsstoffe nicht zerstört werden und auch keine Zusatzstoffe wie Konservierungsmittel beigegeben werden müssen.

Einkochen oder Einwecken

Wichtig ist, dass die Marmeladen, Kompotte und Säfte noch heiß in saubere Gefäße abgefüllt und sofort, oder wie beim Einwecken noch vor dem Erhitzen, verschlossen werden. Sterilisierte Obstprodukte sind generell recht lange haltbar, brauchen wenig Platz und benötigen zur Aufbewahrung keinen Strom. Andererseits verliert das Obst durch die Hitze zumindest einen Teil der Vitamine, und auch die Farbe leidet nicht selten darunter.

Konservierung mit Zucker

Ein ausreichend hoher Zuckergehalt kann Mikroorganismen deaktivieren, indem ihnen dadurch das Wasser entzogen wird. Unterstützt wird die Wirkung durch das Eindampfen und Kochen, wie bei der Herstellung von Marmeladen. Auch Honig verdirbt auf Grund des hohen Zuckergehalts nicht, es sei denn, der Imker hat die Bienenwaben zu früh geschleudert. Solch unreifer Honig enthält noch viel Wasser, was dazu führen kann, dass er bereits bei Zimmertemperatur im Glas zu gären beginnt.

Trocknung

Bei der Trocknung gilt das haltbar machende Prinzip, dass man den Mikroorganismen lebenswichtiges Wasser entzieht. Nicht nur Obst, auch Fleisch, Kräuter, Fisch und Getreide werden seit vorgeschichtlicher Zeit getrocknet.

Der Wassergehalt muss dabei auf etwa 10 % gesenkt werden. Dies kann im einfachsten Fall dadurch erreicht werden, indem man die Beeren – ganz oder geschnitten – an warmen Tagen im Schatten oder auf dem Dachboden trocknet. Bessere Qualität erzielt man im Backrohr oder Trocknungsofen, weil der Trocknungsvorgang schneller abgeschlossen ist. Wichtig ist dabei, dass die Temperaturen beim Trocknen nicht zu hoch gewählt werden. Dörrobst verliert durch Oxidation oft die ansprechende Fruchtfarbe und wird braun. Zur Abhilfe kann man die Früchte vor dem Trocknen in Zitronensaftlösung tauchen, wobei ein bis zwei Teelöffel Zitronensäure pro Liter Wasser ausreichend sind. Getrocknetes Obst sollte kühl, luftdicht und vor Licht geschützt gelagert werden.

Einlegen

Durch das Einlegen von Obst in Essig oder hochprozentigen Alkohol (mehr als 54 %) schafft man für Bakterien und Pilze unwirtliche Bedingungen die hemmend auf deren Wachstum wirken. Dazu eignen sich Wein- oder Apfelessig, geschmacksneutraler Schnaps, Rum, Weingeist oder andere Spirituosen. Geschmack und Aroma werden durch Zucker und Gewürze verfeinert. Solcherlei »Ang'setzte« oder »Beschwipste Früchte« sind eine wahrlich gelungene Kombination aus Beeren und Alkohol, die sich auf vielseitige Weise wie etwa zum Verfeinern von Hauptspeisen, als originelle Geschenksidee oder einfach für den besonderen Genuss zwischendurch eignen.

Arbeitskalender

Ohne Fleiß kein Preis! Auch in einem Beerengarten fallen viele Arbeitsschritte an, die immer rechtzeitig erledigt sein wollen. Dies betrifft vor allem Pflegemaßnahmen, sowie den Schutz vor Krankheiten und Schädlingen oder deren sanfte Regulation. Auch bei der Pflanzung und Vermehrung von Beerensträuchern ist der richtige Zeitpunkt oft entscheidend. Ihre Anstrengungen werden im wahrsten Sinne des Wortes Früchte tragen!

Mit Beeren durchs Jahr

Frühling

- In sehr frostgefährdeten, rauen Lagen ist es ratsam, die Beerensträucher erst im Frühjahr zu schneiden, da über den Winter schlecht ausgereifte Triebe zurückfrieren können. Dies betrifft vor allem die Brombeere.
- Zurückgefrorene und durch Schneebruch geknickte Triebe von Strauchbeerenobst muss weggeschnitten werden.
- Beerensträucher in Gefäßen können von den Winterquartieren an markante Stellen im Garten gestellt werden, wo sie ihre Wirkung am besten entfalten können.
- Überprüfen Sie Sommerhimbeeren auf Rindenkrankheiten und entfernen Sie befallene Triebe.
- Die im Spätherbst geschnittenen Steckhölzer werden zu Beginn der Vegetationsperiode gesteckt.
- Laub, Vlies, Stroh und sonstige Abdeckmaterialien zum Schutz vor Winterschäden müssen spätestens zu Beginn der Vegetationsperiode wieder entfernt werden.
- Gefäßpflanzungen sollen alle 5–8 Jahre im Frühjahr umgetopft werden, da der Boden mit der Zeit ausgelaugt wird und damit kein ordentliches Wachstum mehr gewährleistet ist.
- Im Winter stirbt ein Großteil der Blätter der Erdbeerpflanzen ab und muss entfernt werden, um Krankheiten vorzubeugen.
- Beim »Frühjahrsputz« im Garten wird das Laub von Bäumen aus den Beeten entfernt, das vor allem Bodendecker am Wuchs hindern könnte.
- Wenn Erdbeeren nicht auf Mulchfolie angebaut werden, sollte man noch während der Erdbeerblüte eine Stroheinlage ausbringen, damit später die Beeren nicht direkt auf dem Boden aufliegen.
- Himbeeren lieben nährstoffreiche Böden. Eine Mulchschicht aus Stallmist, die alljährlich aufgebracht werden soll, ist dafür am besten geeignet.
- Durch die Monilinia-Triebwelke befallene Heidelbeertriebe müssen rasch entfernt werden, um eine Sekundärinfektion der Blüten zu verhindern.

- Frostspanner-Raupen an der Heidelbeere, die sich durch Gespinste, Kotkrümel sowie angefressene Blätter und Knospen verraten, sollen abgesammelt werden.
- Im Frühjahr und Frühsommer brauchen Pflanzen die meisten Nährstoffe, daher ist jetzt die beste Zeit für Düngemaßnahmen, zum Beispiel mit frischem Kompost.
- Das Aufbringen von Mulchschichten aus Rinde, Holzhäcksel, Grasschnitt oder Sägespänen schützt vor Unkrautwuchs und liefert langfristig Nährstoffe.
- Abgeknickte Blütenstiele bei Erdbeeren deuten auf den Befall mit dem Erdbeerblütenstecher hin und sollten entfernt werden.
- Zur Ernteverfrühung kann man im März die Erdbeerpflanzen mit Folie oder Vlies abdecken.
- Die Erdbeere eröffnet mit ihren Früchten im Mai und Juni die jährliche Beerensaison.
- Erdbeeren sind sehr anfällig für den Grauschimmel, der von kranken Beeren auf gesunde übergreifen kann. Schimmelige Früchte müssen deshalb unbedingt entfernt werden.
- Fadenwürmer zur Bekämpfung von Dickmaulrüsslerlarven an verschiedenen Beerenarten können im Frühjahr mit dem Gießwasser ausgebracht werden.
- Frühjahr bedeutet Pflanzzeit – sind alle Vorbereitungen dafür getroffen? (Standortwahl, Pflanzmaterial, Bodenvorbereitung, Drahtgerüst für Himbeeren und Brombeeren, Mulchfolie oder Stroh für Erdbeeren)
- Zur Ernteverspätung von Herbsthimbeeren können die ersten Jungtriebe völlig entfernt werden.
- Noch vor dem Austrieb können von Himbeeren Wurzelschnittlinge zur Vermehrung abgenommen werden.
- Von Mai bis August vermehrt man Johannisbeeren, Brombeeren, Stachelbeeren und Heidelbeeren durch Absenker.

Sommer

- Besonders an heißen Tagen, bei anhaltender Trockenheit oder sehr durchlässigen, sandigen Böden ist darauf zu achten, dass die Pflanzen ausreichend mit Wasser versorgt sind. Nicht auf die Blätter gießen!
- Mit den Kulturpflanzen wächst natürlich auch das Unkraut. Da es Konkurrenz um Wasser und Nährstoffe darstellt, sollte es regelmäßig entfernt werden. Deckt man den Bereich um die Pflanzen mit Rindenmulch, Sägespänen oder Rasenschnitt ab, kann man den Unkrautwuchs über längere Zeit eindämmen.

- Das Absammeln von Roten Wegschnecken bei feuchter Witterung kann Fraßschäden verhindern. Die Tiere verstecken sich zum Schutz gerne unter dafür ausgelegten Brettern.
- Vereinzelte Heidelbeertriebe mit verbräunten Blättern sind vom Godronia-Triebsterben befallen und sollen zur Gänze herausgeschnitten werden.
- Nachdem die Erdbeerernte abgeschlossen ist, kann man das alte Laub mit dem Rasenmäher abmähen und kompostieren. Man entfernt dadurch gleichzeitig eventuell infiziertes oder krankes Pflanzengewebe.
- Die Ausläufer der Erdbeerpflanzen sollten regelmäßig entfernt und bei Bedarf an Jungpflanzen für das nächste Jahr in Töpfe gesetzt werden.
- Bis August sollten im Garten alle Erdbeerpflanzen gesetzt sein, damit sie sich bis zum kommenden Jahr noch ausreichend entwickeln und Früchte tragen können.
- Blütenstände an Erdbeeren, die sich noch im Pflanzjahr bilden, sollten entfernt werden, denn sie nehmen der Pflanze viel Kraft, die für den Fruchtansatz im nächsten Jahr fehlt.
- Die Jungruten bei Sommerhimbeeren und Brombeeren sollten laufend locker am Gerüst befestigt werden.
- Im Sommer reichlich anfallender Rasenschnitt kann gemeinsam mit holzigen, zerkleinerten Materialien kompostiert werden.
- Komposthäufen sollten immer wieder umgesetzt werden um die organischen Materialien gut zu vermischen, was die Verrottung fördert.
- Ernte von Heidelbeere, Johannisbeere, Stachelbeere, Brombeere, Sommerhimbeere und Preiselbeere. Die Reife von Herbsthimbeeren und Holunder beginnt.
- Wenn in Gefäße gepflanzte Sträucher an Attraktivität verlieren (z.B. nach der Blüte oder Ernte), können sie bis zum nächsten Jahr an weniger beachtete Standorte im Garten gestellt werden.
- Überschüssiges Beerenobst kann auf unterschiedliche Weise haltbar gemacht werden. Packen Sie den Sommer ins Glas!
- Auch Tiere lieben Beeren! Beerensträucher einzäunen und bei Bedarf zum Schutz vor Vögel einnetzen.
- Der Frühsommer ist die beste Zeit für die Vermehrung durch Grünstecklinge. Immergrüne Pflanzen wie die Cranberry oder Preiselbeere werden allerdings erst im Spätherbst vermehrt.

Herbst

- Im Herbst und Winter werden Johannisbeeren, Stachelbeeren, Heidelbeeren, Sommerhimbeeren und Holunder geschnitten. Brombeeren in kühlen Lagen schneidet man besser erst im Frühjahr.
- Keinesfalls die Beerenpflanzen düngen, dies führt zu mastig wachsenden Geweben, die sehr frostempfindlich sind und im Winter zurückfrieren können.

- Johannisbeertriebe, die bei Schneelast leicht brechen, sind wahrscheinlich durch die Larve des Johannisbeerglasflüglers ausgehöhlt worden. Solche Triebe sollten abgeschnitten und aus dem Garten entfernt werden.
- Ungewöhnlich dick angeschwollene Knospen (Rundknospen) an der Johannisbeere sind von Johannisbeergallmilben befallen und sollten entfernt werden.
- Bei Schneelage sind Pflanzenteile, die über die Schneedecke hinausragen, besonders gefährdet: Ein Schutz vor Hasen und Rehen ist daher angebracht.
- Planen Sie jetzt Neupflanzungen und die Gestaltung Ihres Gartens.
- Die arbeitsarme Zeit der Vegetationsruhe kann man für Kurse, Fortbildungen und das Studium von Fachliteratur über Beeren nutzen – vielleicht gemütlich bei einem Glas selbst gemachtem Beerenlikör?

- Herbsthimbeeren und Brombeeren können bis zum ersten Frost geerntet werden. Holunder, Cranberries und Preiselbeeren reifen jetzt.
- Auch Herbst ist Pflanzzeit! (siehe Frühjahr)
- Im Spätherbst werden Steckhölzer geschnitten und bis zum Frühjahr eingelagert.

Winter

- Brombeeren, Erdbeeren und Cranberries sollten besonders in schneearmen, rauen Gegenden mit einer Abdeckung aus Laub, Vlies oder Stroh geschützt werden. Die Brombeerruten müssen dazu gegebenenfalls auf den Boden abgelegt werden.
- Immergrüne Pflanzen wie Cranberries und Preiselbeeren verdunsten auch im Winter über die Blätter Wasser. Um Vertrocknungen zu vermeiden ist an exponierten, sonnigen Standorten bei gefrorenem Boden auch im Winter Gießen notwendig.

Verwendete Literatur

Bergmann, W. (1988): Ernährungsstörungen bei Kulturpflanzen. Entstehung, visuelle und analytische Diagnose. 2. Auflage. Gustav Fischer Verlag, Jena.

Biesalski, H. K. und P. Grimm (2002): Taschenatlas der Ernährung. 2., aktualisierte Auflage. Georg Thieme Verlag, Stuttgart, New York.

Buchter-Weisbrodt, H. (2004): Genuss Frucht Erdbeere. Österreichischer Agrarverlag, Wien.

Fischer, M. (1995): Farbatlas Obstsorten. Verlag Eugen Ulmer, Stuttgart.

Gosch, C. (2005): Genuss Frucht Beeren. Österreichischer Agrarverlag, Wien.

Gosch, F. (1990): Die Gartenheidelbeere. Leopold Stocker Verlag, Graz, Stuttgart.

Keipert, K. (1981): Beerenobst. Verlag Eugen Ulmer, Stuttgart.

Kreuter, M.-L. (2001): Biologischer Pflanzenschutz. BLV Verlagsgesellschaft mbH, München, Wien, Zürich.

Liebster, G. (1972): Cranberry – die Kulturpreiselbeere. Eigenverlag, München.

Liebster, G. (1999): Warenkunde Obst. Walter Hädecke Verlag, Weil der Stadt.

Naumann, W. und D. Seipp (1989): Erdbeeren. Verlag Eugen Ulmer, Stuttgart.

Persen, U., Steffek R., Lethmayer C., Blümel S. und Polesny F. (2005): Pflanzengesundheit im Obstbau. Krankheiten, Schädlinge, Nützlingseinsatz. Österreichischer Agrarverlag, Wien.

Scheffer, F., Schachtschabel P. (1998): Lehrbuch der Bodenkunde. 14. Auflage. Ferdinand Enke Verlag, Stuttgart.

Schmidt, J. (1987): Holunderanbau. Leopold Stocker Verlag, Graz, Stuttgart.

Schweizerischer Obstbauverband et al. (Hrsg.) (2002): Handbuch Beeren. Eigenverlag.

Souci, S. W., Fachmann W. und Kraut H. (2000): Zusammensetzung der Lebensmittel. 6. Auflage. medpharm Scientific Publishers, Stuttgart.

Vukovits, G. (1980): Obstkrankheiten. Teil IV Beerenobst. Leopold Stocker Verlag, Graz, Stuttgart.

Wagner, B. (2000): Balkon- und Kübelpflanzen, Fensterkistchen, Troggärten. Leopold Stocker Verlag, Graz, Stuttgart.

Watzl, B. und C. Leitzmann (1995): Bioaktive Substanzen in Lebensmitteln. Hippokrates-Verlag, Stuttgart.

Weiß, H., Gosch C. und Fischerauer A. (2001): Beerenobst. Leopold Stocker Verlag, Graz, Stuttgart.

www.beerendoktor.de

Bildquellen

UMSCHLAG: Nicola van Ravenstein

INHALT:

Böswirth & Thinschmidt: Seite 4/5, 10/11, 34/35, 64/65, 72, 74/75

Ing. Josef Klement, Landeskammer für Land- und Forstwirtschaft Steiermark: Seite 52 (rechts oben und unten), 56 (rechts oben)

Dr. Klaus Olbricht, Bundesanstalt für Züchtungsforschung an Kulturpflanzen, Dresden-Pillnitz: Seite 8

Wolfgang Redeleit: Seite 46, 48, 61–63

Dipl.-Päd. Manfred Wiesenhofer, Landeskammer für Land- und Forstwirtschaft Steiermark: Seite 51 (links oben), 52 (links)

Alle anderen Bilder Theresia Gosch.

IMPRESSUM

E-Mail: buch@avbuch.at, Internet: www.avbuch.at

Die Deutsche Bibliothek – CIP-Einheitsaufnahme

Die Deutsche Bibliothek verzeichnet diese Publikationen in der Deutschen Nationalbibliografie; detaillierte bibliografische Daten sind im Internet über http://dnb.ddb.de abrufbar.

PROJEKTLEITUNG: Claudia Stoifl
UMSCHLAG: Ravenstein + Partner, Verden
LAYOUT: Alexander Schuh, o-büro für visuelle kommunikation, Wien
SATZ: armanda,geisler Wien
BILDREPRODUKTION: Hantsch & Jesch PrePress Services OEG, Leopoldsdorf bei Wien
ILLUSTRATIONEN: Monika Biermaier, Untertullnerbach

DRUCK UND BINDUNG: Landesverlag Denkmayr, Linz
Printed in Austria

ISBN-10: 3-7040-2158-X
ISBN-13: 978-3-7040-2158-8